DICIONÁRIO JURÍDICO

Wagner Veneziani Costa
Marcelo Aquaroli

DICIONÁRIO JURÍDICO

MADRAS®

© 2018, Madras Editora Ltda.

Editor:
Wagner Veneziani Costa

Produção e Capa:
Equipe Técnica Madras

Revisão Técnica:
Dr. Jefferson Amulfo Omena
Douglas Garcia Neto

Revisão:
Bel Ribeiro
Adriana Cristina Bairrada

Dados Internacionais de Catalogação na Publicação (CIP)
(Câmara Brasileira do Livro, SP, Brasil)

Costa, Wagner Veneziani
  Dicionário jurídico / Wagner Veneziani Costa, Marcelo Aquaroli. —
12. ed. — São Paulo : Madras, 2018.

  Bibliografia
  ISBN 978-85-370-0253-7

  1. Direito - Dicionários
  II. Aquaroli, Marcelo. III. Título.

07-5146   CDU-34(03)

Índices para catálogo sistemático:
1. Dicionário técnico jurídico 34(03)

É proibida a reprodução total ou parcial desta obra, de qualquer forma ou por qualquer meio eletrônico, mecânico, inclusive por meio de processos xerográficos, incluindo ainda o uso da internet, sem a permissão expressa da Madras Editora, na pessoa de seu editor (Lei nº 9.610, de 19/2/1998).

Todos os direitos desta edição, em língua portuguesa, reservados pela

MADRAS EDITORA LTDA.
Rua Paulo Gonçalves, 88 – Santana
CEP: 02403-020 – São Paulo/SP
Caixa Postal: 12183 – CEP: 02013-970
Tel.: (11) 2281-5555 – Fax: (11) 2959-3090
www.madras.com.br

ÍNDICE

Prefácio	7
A	11
B	95
C	103
D	145
E	165
F	179
G	187
H	191
I	195
J	207
L	211
M	217
N	225
O	229
P	235
Q	253
R	257
S	269
T	277
U	285
V	287
W	291
X	293
Z	295

Dicionário Jurídico de Latim e Gramática

A	299
B	311
C	313
D	321
E	327
F	335
G	339
H	341
I	343
J	351
L	355
M	357
N	359
O	363
P	365
Q	369
R	371
S	375
T	379
U	381
V	383

Apêndice

Elementos de Gramática Latina 385
Obras Consultadas 431

PREFÁCIO

É fácil constatar, mesmo em livrarias com pequena representatividade de livros jurídicos em suas prateleiras, a existência de diversos dicionários de Direito, de autores nacionais. O mercado de livros jurídicos sempre foi bom, no Brasil, e nos últimos dez anos ampliou-se sensivelmente.

As razões para esse incremento no número de títulos novos e reedições são várias: aumento do alunado, crescimento do número de faculdades, necessidade óbvia da presença de textos jurídicos na mesa, ou na estante de trabalho do aluno, do já advogado, do juiz, do consultor, do administrador — e assim por diante.

Outra razão pode ser mencionada tranquilamente: a enorme quantidade de leis, decretos, Medidas Provisórias, textos legais a exigirem edição acessível. Mesmo a informatização jurídica não tem como fazer quem necessita dos textos jurídicos prescindir dos livros, pois nem sempre as fontes são confiáveis.

Agora que situamos, em poucas palavras, a realidade da edição de livros jurídicos, outra conclusão se impõe: é necessário um texto básico que explique os termos gerais do Direito e suas subdivisões. Ora, este é o papel do presente dicionário: dar o significado dos atos e fatos jurídicos e, quando necessário, fracionar esse significado em "implicações" menores, o que proporciona uma consulta rápida e objetiva. A concisão das definições não significa que elas não devam ser procuradas, concomitantemente, em dicionários de maior porte, dos quais temos no Brasil — felizmente — pelo menos dois ótimos exemplos — *Vocabulário Jurídico,* de Plácido e Silva e o *Novo Dicionário Jurídico Brasileiro,* de José Náufel.

Neste *Dicionário Jurídico* da Madras Editora, o consulente encontrará cerca de 1.500 definições, com os esclarecimentos mais ou menos minuciosos, conforme o caso. Importante ressaltar que a revisão técnica a que a editora submeteu os originais, uma vez recebidos dos autores, esmerou-se em verificar as mais recentes aquisições da ciência jurídica, de forma a adaptar o texto às circunstâncias e imperativos do momento jurídico nacional e internacional.

Pode parecer muita pretensão, mas não é: o leitor merece esta dedicação, este cuidado de fundo e de forma. Não houve preocupação de mencionar textos legais, pois isso ultrapassa a ideia que nos levou a organizar este dicionário. Aqui temos definições, uma abordagem inicial, uma introdução. Na medida de suas necessidades, o estudante, o advogado já atuante, outros interessados, enfim, saberão buscar fontes outras para aprofundarem o contato inicial.

Em formato prático, de fácil transporte e manuseio, o *Dicionário Jurídico* veio para ocupar uma posição de destaque no conjunto das obras congêneres em vernáculo. Queremos insistir no aspecto da modernidade: preocupamo-nos com a praticidade, a utilidade no verdadeiro sentido do termo, na correção jurídica. O leitor julgará — e estamos tranquilos — o valor de nossos esforços, nosso empenho em dotar o público brasileiro de um livro-ferramenta — seja-nos permitida a expressão — adequado à nossa realidade, em uma primeira instância, isto é, num nível inicial de consulta.

Críticas e sugestões para as edições seguintes certamente serão bem-vindas. O imperativo de qualidade preside os esforços de nossa Editora. Que esses esforços correspondam à expectativa dos compradores de nosso *Dicionário Jurídico*.

Os autores — Wagner Veneziani Costa e Marcelo Aquaroli — já provaram em outros livros editados pela Madras Editora, com sua linha jurídica, conhecimento jurídico, capacidade de transmitir de forma didática e precisa o arcabouço jurídico e a interpretação que reveste nosso Direito. Apenas para complementar a informação, citemos alguns de seus livros escritos, quer isoladamente, quer em parceria: *Cálculos Trabalhistas: Práticas; Contratos: Manual Teórico e Prático; Novo Exame de Ordem,* entre outros. São obras que falam por si mesmas e cujos índices de vendas corroboram o que acabamos de dizer, quanto à qualidade dos textos.

São essas qualidades que credenciam o *Dicionário Jurídico*, ora em mãos do público brasileiro.

O Editor

À Ordem. Cláusula que permite que um título cambiário, embora nominativo, possa ser transferido mediante endosso.

Abaixo-Assinado. Expressão empregada para designar a pessoa que subscreve o documento ou a petição. É também o documento firmado por várias pessoas que pedem ou solicitam a concessão de certa medida.

Abalo de Crédito. Perda real ou presumida da credibilidade imputada a alguém em seus negócios, ou a de sua capacidade de satisfação dos créditos.

Abalroação. Abalroamento, choque ou colisão ocorrida dentro ou fora do porto entre dois ou mais navios que tenham condições de navegabilidade ou que estejam navegando. A abalroação pode ser fortuita, culposa, duvidosa ou mista, decorrendo de cada uma dessas espécies direitos e obrigações diferentes, que medem tanto as responsabilidades como o ressarcimento dos danos registrados.

Abalroamento Aéreo. Choque entre duas ou mais aeronaves, em voo ou em manobra terrestre. Tanto os danos causados às aeronaves quanto os causados às pessoas ou coisas a bordo são considerados resultantes dessa colisão.

Abandonada. Bem ou coisa que se abandonou. Coisa abandonada é coisa sem dono, bens vagos.

Abandonatário. O que se apropria da coisa abandonada. Aquele a quem aproveita o abandono.

Abandono. Em *Direito Civil*, *Direito Comercial* e *Direito Marítimo*, significa a renúncia ou desistência de um direito. É causa da extinção da propriedade, assim como a alienação ou o perecimento do imóvel.

Abandono Assecuratório. Ato pelo qual o segurado, nos casos determinados pela lei ou expressamente ajustados, abandona e cede ao segurador todos os seus direitos sobre os objetos segurados, a fim de obter deste o pagamento integral do montante estipulado no seguro, em vez de receber a simples indenização pelos prejuízos realmente sofridos.

Abandono Coletivo do Trabalho. Para o *Direito Penal*, significa o mesmo que greve ou parede. É a recusa, manifestada por pelo menos três empregados, de exercerem a atividade a que estão obrigados pelo respectivo contrato de trabalho, seja afastando-se do local em que devem prestá-la, seja recusando-se a realizá-la, embora permaneçam em seus postos de serviço.

Abandono da Casa Paterna. Ato praticado pelo menor que deixa em definitivo a casa de seus pais. Caso os pais permitam o abandono, tal fato constitui motivo para que eles, por ato judicial, percam o pátrio poder.

Abandono da Coisa. Ato praticado voluntariamente por alguém, privando-se da propriedade e da posse de uma coisa, pelo simples motivo de não mais desejar tê-la para si. Abandonada, a coisa que passou a não ter dono, torna-se *res nullius*, coisa de ninguém, sendo susceptível de ocupação.

Abandono da Posse. Procedimento do possuidor que demonstra sua intenção de não mais manter seu direito de propriedade sobre um bem qualquer. Ato pelo qual o dono de um bem renuncia a seu direito de propriedade.

Abandono de Animais. Ocorre quando o dono de animais negligencia a assistência ou o trato que lhes deve dar, deixando-os ao desamparo e permitindo que saiam e se afastem dos lugares em que deveriam ser mantidos, ou quando o proprietário os solta propositalmente em lugares onde os animais se furtem à sua vigilância. Abandonar animais em propriedade alheia, sem o consentimento do dono, é crime previsto na lei penal. Os animais abandonados podem ser apropriados por outrem e quem deles se apossar se torna seu dono.

Abandono de Cargo Público. Falta intencional do servidor público ao trabalho por um período superior a trinta dias consecutivos ou sessenta dias alternados durante o ano.

Abandono de Causa. Entende-se por abandono de causa o fato de o autor, durante um prazo de trinta dias, deixar de praticar os atos ou promover as diligências que lhe competem para o andamento do processo. É presunção de renúncia à causa.

Abandono de Emprego. Não comparecimento ao trabalho, sem justificativa, em descumprimento ininterrupto e definitivo da obrigação de trabalhar, em demonstração evidente de desistência ou renúncia ao emprego.

Abandono de Estabelecimento Comercial. Ato pelo qual o comerciante fecha seu estabelecimento, sem motivo razoável, deixando de remir suas dívidas e esquivando-se dos credores, o que é um dos motivos de falência.

Abandono de Família. Ato pelo qual a pessoa que tem tal obrigação deixa de cuidar da subsistência do cônjuge, dos filhos menores ou inválidos ou de socorrer ascendente ou descendente gravemente enfermo.

Abandono de Herança. Também denominado repúdio da herança ou renúncia à herança. É o ato formal de recusa da herança realizado por um herdeiro. Tal ato somente se defere de maneira expressa, ou por escritura pública ou por termo judicial. Todavia, a herança poderá ser aceita em nome do herdeiro pelo juiz, mediante exigência dos credores prejudicados pelo ato de recusa.

Abandono de Imóvel Locado. Se o inquilino abandona o imóvel, tal ato permite que o locador requeira a imissão de posse, isto é, a volta da posse do imóvel à pessoa a quem pertence por direito. Nesse caso, os aluguéis e encargos serão devidos até a data da imissão.

Abandono de Incapaz. Falta de assistência ao menor ou incapaz que vive sob a guarda de alguém. Tal fato, segundo a lei penal, é crime.

Abandono de Invenção. O *Direito Industrial* considera como abandono de invenção o fato de o titular de patente de invenção não iniciar sua exploração no país, sem motivo de força maior, dentro de quatro anos. A interrupção da exploração da patente por mais de dois anos consecutivos também constitui abandono de invenção.

Abandono de Posto. Delito que ocorre quando o militar, sem ordem superior, abandona o lugar de serviço ou o posto que lhe foi designado, ou a tarefa imposta, antes de terminá-la.

Abandono de Prédio Serviente. Abandono em favor do proprietário do prédio dominante, em caso de o proprietário do prédio serviente não desejar efetuar, por sua conta e para atender ao objeto da servidão, obras necessárias à conservação e uso do imóvel.

Abandono de Recém-nascido. Crime que consiste em deixar só, desamparar ou expor recém-nascido, com a finalidade de ocultar desonra própria.

Abandono de Serviço. É justa causa para a rescisão do contrato de trabalho por parte do empregador, mesmo que não haja, por parte do empregado, a intenção de abandonar o trabalho em definitivo. Portanto, o abandono de serviço não se confunde com o abandono de emprego, porque neste o empregado deseja abandonar o emprego definitivamente.

Abandono do Álveo. Fato de um rio mudar de curso, deixando o leito primitivo, em consequência de qualquer acidente, como forte enxurrada ou terremoto. Caracteriza um dos casos de aquisição de propriedade imóvel por acessão.

Abandono do Menor. Fato de os pais, ou quem tiver a tutela de um menor, não lhe prestarem a assistência necessária, corrompendo-o por mau exemplo ou expondo-o a grave perigo para sua saúde, segurança ou moralidade. O abandono de menor torna-se motivo de perda do pátrio poder e é crime previsto pelo *Código Penal.*

Abandono Intelectual. Negligência na educação de filho pelos pais ou de menor confiado à guarda de alguém, deixando de prover ao mesmo a instrução primária, quando em idade escolar, ou permitindo que adquira hábitos perniciosos ou assista a espetáculos impróprios à sua idade. Segundo a lei penal, é crime.

Abandono Liberatório. No *Direito Marítimo*, ato pelo qual o proprietário de um navio, com o intuito de se eximir da responsabilidade resultante de atos realizados pelo capitão, abandona a favor dos credores o navio e o frete.

Abandono Material. Segundo a lei penal, é o crime decorrente da falta de assistência ou do fornecimento de recursos indispensáveis à subsistência de pessoas que alguém tem por obrigação manter e alimentar.

Abandono Moral. A falta de cuidado ou a negligência do marido, pai, curador ou tutor na orientação das pessoas que estão sob sua vigilância, permitindo que pratiquem atos contrários à moral ou aos bons costumes.

Abandono Noxal. É o abandono realizado pelo dono de coisa achada, em favor de quem a achou, com a finalidade de se livrar do pagamento das despesas decorrentes e da recompensa a que o achador tem direito.

Abastecimento de Água. Fornecimento de água potável à população, aos edifícios e aos estabelecimentos comerciais e industriais de uma cidade. Mesmo quando executados por empresas particulares, os serviços de abastecimento de água são considerados serviços públicos.

Abatimento. Diminuição do valor, redução ou desconto concedido no preço de mercadoria ou objeto ou também em qualquer dívida, quantia ou conta. Em certas circunstâncias, a lei permite o abatimento no preço de obrigações, locações ou valor de contrato de compra e venda.

Abelhas. Existem abelhas domesticadas e silvestres. São domesticadas as que vivem em colmeias ou cortiços mantidos pelo homem. As silvestres vivem em estado nativo, nos bosques e florestas. As abelhas domesticadas pertencem aos donos das colmeias ou cortiços. Só podem ser apropriadas por outrem se o seu proprietário as abandonar. As abelhas silvestres são consideradas sem dono e podem ser apropriadas por quem as capturar. Ao serem incorporadas às colmeias ou cortiços mantidos por seu apropriador, elas se tornam abelhas domesticadas e não podem ser capturadas por outrem como coisa sem dono.

Abertura da Audiência. Ato pelo qual se iniciam os trabalhos de um órgão da Justiça, perante o juiz ou os tribunais, na sede do Juízo ou em outro lugar excepcionalmente designado por seu titular, com hora previamente marcada. O porteiro do auditório deve apregoar as partes e seus respectivos titulares.

Abertura de Crédito. Contrato definitivo e oneroso, de execução continuada e sucessiva, pelo qual um estabelecimento bancário ou comercial põe à disposição de alguém fundos até determinado limite, durante certo tempo, sob cláusulas previamente acordadas, obrigando-se o tomador a restituir os fundos no vencimento, com juros, eventuais comissões e despesas. A abertura de crédito pode ser a coberto, quando garantida por fiança, penhor de bens, caução de títulos, hipoteca, ou a descoberto, se desprovida de outra garantia a não ser a confiança inspirada pelo creditado.

Abertura de Falência. Ato que declara o estado de insolvência de um devedor empresário, autorizando o processo de falência correspondente, com a nomeação do síndico, arrecadação dos bens e verificação dos credores. Abre-se a falência no domicílio do devedor ou na praça em que ele tem o seu estabelecimento principal.

Abertura de Prazo. Data em que se inicia a contagem do tempo para a execução de uma obrigação ou para o exercício de um direito.

Abertura de Sucessão. Ato pelo qual se declaram transferidos aos herdeiros, legítimos ou testamentários, os bens de uma pessoa que faleceu. A sucessão se abre no lugar do último domicílio do falecido.

Abertura de Testamento. Ato pelo qual a autoridade judicial revela, na forma da lei, o teor do testamento que, em seguida, é registrado e arquivado para então ser cumprido.

Abertura de Vista de Autos Processuais. Ato do escrivão ou do serventuário que autoriza a parte interessada a consultar os autos processuais, para que se manifeste a respeito de alegação da parte contrária ou tome ciência de determinação judicial.

Abigeato. Furto de animais que estão recolhidos em currais ou potreiros, ou que estão soltos no campo, desde que considerados animais domésticos ou mansos. A captura de animais selvagens ou bravios não se constitui abigeato.

Ab Initio. Desde o início, desde o começo. P. ex.: Um processo nulo *ab initio*, ou seja, nulo desde que foi iniciado.

Ab Intestato. Locução latina que o Direito utiliza para indicar que uma pessoa faleceu sem deixar testamento. Também aquele que tem direito a uma herança não regida por testamento é classificado como herdeiro *ab intestato*.

Abjudicação. Ato ou efeito de entrar ou reentrar na posse de um bem ilegitimamente retido por outrem, utilizando-se para tanto o meio judicial.

Abjurgar. Tomar uma coisa por meio judicial.

Abonar. Dar fiança ou reforçar a de um fiador. Apresentar graciosamente alguém e reconhecer-lhe a identidade, na falta de documento que a prove.

Abonar Despesas. Ato pelo qual o advogado, mediante assinatura aposta em relação de despesas apresentadas pelo auxiliar da Justiça, aprova-a e autoriza seu constituinte a fazer o respectivo pagamento. Aprovar uma relação de despesas.

Abono de Férias. Prerrogativa exclusiva do empregado, independente do consentimento do empregador, de converter um terço do período de férias a que tiver direito em abono pecuniário, no valor da remuneração que lhe seria devida nos dias correspondentes.

Abortamento. Ato que interrompe a gestação, resultando na expulsão e morte do feto ou embrião. Se realizado por meios violentos, torna-se crime punível pela lei penal.

Aborto. Feto expulso do ventre materno. Portanto, não se confunde com o abortamento, que é o ato de retirar o feto.

Aborto Eugênico. Interrupção proposital da gravidez feita sempre que fortes razões científicas autorizarem a suposição de que existe toda a probabilidade de nascer um deficiente físico ou mental. Também chamado de aborto profilático, pois evitaria um nascimento inconveniente.

Aborto *Honoris Causa*. Interrupção proposital da gravidez realizada por médico e autorizada por lei, quando resultante de estupro. Tal ato não constitui crime se for autorizado pela gestante ou por seu representante legal, no caso de ela ser incapaz.

Aborto Legal. Diz-se daquele que é autorizado por lei.

Aborto Necessário. Interrupção proposital da gravidez, realizada numa urgência pelo obstetra, em circunstâncias excepcionais, nos casos de iminente perigo de vida da gestante, perigo este advindo de perturbações graves e irremediáveis do curso normal da gravidez. A Medicina elenca numerosas circunstâncias que tornam incompatíveis o organismo da gestante com o do feto.

Ab-rogação da Lei. Revogação total de uma lei, decreto, regulamento ou regra por nova lei, decreto ou regulamento. É também o ato de tornar nulo ou sem efeito, ou cassar, ou revogar um ato anterior. A ab-rogação ocorre somente por força de lei ou regulamento que venha introduzir novos princípios, anulando ou cassando uma lei, regulamento ou costume vigente.

Absolutamente Capaz. Diz-se do indivíduo com autoridade para exercer todos os atos assecuratórios de sua pessoa e de seus bens e de praticar todos os demais atos jurídicos decorrentes de seus direitos. O antônimo é absolutamente incapaz.

Absolvição. Ato judicial que declara o réu inocente ou isento de culpa. Portanto, significa sentença que não condenou. Indica que o réu foi absolvido, isto é, que lhe foi relevada a culpa imputada ou a pena que lhe corresponderia.

Abstenção do Juiz. Ato pelo qual o juiz deixa de exercer suas funções no processo contencioso ou voluntário, declarando-se impedido ou suspeito. Em tais hipóteses, ele ordena a remessa dos autos a seu substituto legal. Todavia, lacuna ou obscuridade da lei não pode ser alegada como motivo da abstenção. Caberá ao juiz aplicar as normas legais. Se estas não existirem, deverá recorrer à analogia, aos costumes e aos princípios gerais de direito.

Abuso. Na linguagem jurídica, o termo expressa o excesso de poder ou de direito ou também o mau uso ou má aplicação desse poder ou direito.

Abuso de Autoridade. Prática de ato por autoridade pública ou privada, ou por órgão público, no exercício de suas funções, que ultrapassa os limites desta, em prejuízo de alguém ou da sociedade. É o excesso que ultrapassa os limites das funções administrativas cujas atribuições são definidas e determinadas por lei. Também é o emprego de violência para a execução de um ato que se realiza sob a proteção de um princípio de autoridade.

Abuso de Confiança. É o ato de enganar a boa-fé de alguém. É circunstância agravante do crime de furto.

Abuso de Crédito. Ato que consiste em utilizar imoderadamente o crédito de que o indivíduo desfruta, assumindo obrigações inexequíveis ou de liquidação duvidosa, condicionada aos azares da sorte.

Abuso de Direito. Exercício anormal ou irregular de um direito, sem que o autor apresente motivo legítimo ou interesse honesto para justificar o ato, agindo unicamente com o intuito de prejudicar a outrem.

Abuso de Documento. Ocorre quando a pessoa que recebeu um documento assinado em branco o modifica ou o completa, por si ou por outrem, violando o pacto verbal feito com o signatário. O documento assinado em branco perde a fé, quando é abusivamente preenchido.

Abuso de Firma ou Razão Social. Uso indevido de firma ou razão social por algum sócio-gerente, extrapolando os poderes que lhe foram concedidos ou desvirtuando o uso dos poderes regulares.

Abuso de Incapaz. Ação pela qual se procura, diante da inexperiência ou da paixão de um menor, ou alienação ou debilidade mental de outrem, induzi-lo por sugestão ou corrupção a praticar ato suscetível de produzir efeito jurídico em prejuízo próprio ou de terceiro.

Abuso de Legítima Defesa. Fato que ocorre quando o ofendido usa exageradamente dos meios necessários para repelir agressão injusta contra direito seu ou de outrem. Segundo o *Código Penal*, este abuso é punível como crime culposo.

Abuso de Liberdade. Prática de atos desregrados que atentam contra a segurança e os direitos alheios, contra o regime político ou contra as autoridades constituídas.

Abuso de Liberdade de Imprensa. Constituem abuso de liberdade de imprensa, os crimes como, incitar alguém à prática de qualquer infração das leis penais, publicar segredos de Estado, ofender de qualquer modo, a moral pública ou os bons costumes, publicar notícias falsas e imputar falsamente a alguém, fato que a lei qualifica como crime.

Abuso de Poder. Exercício de atos não autorizados ou não expressos no mandato ou na procuração. Excesso no uso dos poderes conferidos ou nas atribuições do mandato. Também é o crime contra a administração da justiça consistente em ordenar ou executar medida privativa de liberdade individual, sem as formalidades da lei.

Abuso de Poder Econômico. Ato de utilizar ilicitamente o poder econômico de forma prejudicial aos interesses do país e do povo. Inclui também as fusões ou agrupamentos de empresas, seja qual for a sua natureza, com o objetivo de dominar o mercado nacional, eliminando a concorrência e aumentando arbitrariamente os lucros.

Abuso de Responsabilidade de Favor. Ato de emitir duplicata que não corresponde a uma venda efetiva de mercadoria, entregue real ou simbolicamente com a fatura respectiva, ou ato de aceitar duplicata emitida por outrem nas mesmas circunstâncias.

Abuso do Pátrio Poder. Exercício inconveniente do direito paterno sobre os filhos, ou omissão ou desempenho deste direito sem a devida atenção, não defendendo os interesses dos menores ou arruinando os bens dos filhos.

Açambarcamento. Crime contra a economia popular, caracterizado pela retenção de matérias-primas, meios de produção ou produtos essenciais ao consumo do povo, com a finalidade de dominar o mercado em todo o país e provocar a alta dos preços.

Ação (*Cota de Capital*). Título representativo do capital de uma empresa que atribui ao seu titular um direito creditício perante esta.

Ação (*Direito Processual*). Faculdade que cabe ao titular de um direito de pleiteá-lo em juízo. Invocação formal, perante o Poder Judiciário, de uma pretensão objetivamente amparada pela lei.

Ação Acessória. Ação que, sem vida própria, se liga à ação principal, porque dentro dela se gera e se processa, e cujo objetivo não esgota a pretensão do autor.

Ação-Âncora. A causa que propicia a reunião de outras causas para julgamento simultâneo.

Ação Anulatória. Visa à extinção de ato ou negócio jurídico ou de contrato, em face da incapacidade de algum dos participantes ou do vício no consentimento.

Ação Anulatória de Casamento. Ação que compete a qualquer um dos cônjuges ou a quem tenha legítimo interesse moral ou econômico na causa, advogando a declaração de nulidade do casamento contraído em desacordo com a lei ou perante autoridade não competente.

Ação Anulatória de Partilha. Ação de rito ordinário que tem por objetivo desfazer uma partilha amigável viciada por dolo, erro, coação ou intervenção de incapaz.

Ação Aquisitória. Ação ordinária que se promove judicialmente para adquirir uma propriedade à qual se tem direito por força de lei.

Ação Cambiária. Ação de natureza executória que visa à cobrança de um título cambiário (duplicata, cheque, nota promissória, letra de câmbio e outros). Também chamada de execução cambiária ou cambial.

Ação Casual. Ato praticado por alguém, independente de sua vontade, sem que haja provocado consciente e intencionalmente a ocorrência desse ato. Quando ocorre na prática de um ato lícito, mesmo surtindo efeitos criminosos, não culpa o seu agente.

Ação Cautelar. Ação que visa prevenir a eficácia futura do processo principal com o qual se ache relacionada. Segundo a oportunidade em que se pede ou se impõe a ação, ela é preparatória, se ocorrer antes da ação principal, ou preventiva, se ocorrer durante a ação principal.

Ação Civil de Reparação de Dano. Destina-se à reparação, em favor da própria vítima, de um dano causado pela prática de um crime.

Ação Civil Pública de Responsabilidade. Estabelecida pela Lei 7.347, de 24/07/1985, é uma ação especial que visa à reparação de danos causados ao meio ambiente, ao consumidor, a bens e direitos de valor artístico, estético, histórico, turístico ou paisagístico.

Ação Cominatória. É a que cabe a todo titular de um direito para que outrem cumpra a obrigação, execute algum ato ou se abstenha da prática de algum ato, todos perturbadores das relações jurídicas preexistentes.

Ação Comissória. Também chamada de ação de comisso, objetiva a extinção da enfiteuse e a reversão do domínio útil, em face da falta de pagamento do foro ou das pensões devidas pelo enfiteuta ou foreiro ao senhorio direto.

Ação Compensatória. Visa à compensação de gastos efetuados por quem representou ou agiu em nome de outrem. Ação que compete ao curador ou tutor para receber a cobertura das despesas efetuadas no exercício da tutela ou da curatela.

Ação Conexa. Ação que se promove simultânea e conjuntamente com outra, embora vise a fins diferentes, existindo, no entanto, entre ambas certa relação jurídica de analogia ou identidade que demonstre a imperiosa necessidade de um julgamento único.

Ação Confessória. Ação indicada para a defesa de um direito ou usufruto, quando se prova o domínio sobre o imóvel. Seu objetivo principal é o de conservar direito real ou pessoal adquirido em propriedade alheia. Compete ao titular de prédio dominante iniciar ação confessória sempre que o proprietário do prédio serviente criar empecilhos ao uso da servidão.

Ação Constitutiva. Ação de conhecimento, cuja finalidade é a criação, extinção ou modificação de uma relação jurídica.

Ação Constitutiva Negativa. Ação cujo objeto é a extinção de um estado ou uma relação jurídica, como a ação de desquite e a ação de anulação de casamento.

Ação Contra o Espólio. Direito que assiste ao credor de pessoa falecida ou ao interessado no próprio espólio para reclamar arrecadação injusta de bens que não deveriam ser inventariados ou o pagamento de dívida existente.

Ação da Mulher. Direito que assiste à mulher casada de propor ações que livrem bens do casal onerados pelo marido indevidamente, ações que defendam esses bens no interesse da comunhão ou que os reivindiquem. Também é o direito da mulher de reaver os bens dotais confiados à administração do marido, caso tenham sido gravados ou alienados por ele. Segundo os costumes ou direito consuetudinário.

Ação de Acidente de Trabalho. Ação regida por lei especial que compete à pessoa que tenha sofrido acidente de trabalho, a seus beneficiários, à empresa ou a qualquer outra pessoa, contra a Previdência Social para reclamar os direitos decorrentes da lei respectiva.

Ação de Alimentos. Direito de uma pessoa para, no caso de existir relação de parentesco, exigir de outra os alimentos ou provisões necessárias à sua subsistência.

Ação de Anulação. Recurso utilizado para anular ato jurídico que traga prejuízo para alguém, ou que não tenha sido formulado segundo os princípios de direito.

Ação de Anulação de Casamento. Ação ordinária pela qual se pede a declaração de nulidade de casamento realizado contrariamente à lei ou perante autoridade sem a devida competência. A ação, dada a gravidade da matéria em pauta, deve sempre ter fundamento em princípio claro e inequívoco da lei.

Ação de Anulação de Compra e Venda. Ação pela qual uma das partes no contrato de compra e venda solicita a decretação da nulidade do contrato, tendo em vista algum vício insanável.

Ação de Anulação de Contrato Social. Ação que cabe a qualquer um dos sócios para requerer a ineficácia do contrato social viciado por defeito insanável.

Ação de Anulação de Marca de Indústria ou de Comércio.
Ação que pede a declaração de nulidade do registro de marca de indústria ou de comércio, por ter sido realizado em desacordo com a lei ou em prejuízo de marca já existente.

Ação de Anulação de Registro Público. É a ação que pede a declaração de nulidade de um assentamento ou registro público realizado ao arrepio das normas legais.

Ação de Anulação de Testamento. Ação ordinária que solicita a declaração de ineficácia de testamento lavrado em desacordo com a lei, apresentando vício irreparável.

Ação de Anulação de Título Cambiário. Ação feita para sustar a validade e a circulação de algum título de crédito que foi extraviado, subtraído ou falsificado.

Ação de Atentado. Ação cautelar contra a parte que comete atentado no curso do processo, frequente nas ações de nunciação, embargos de obras novas, manutenção de posse e interditos proibitórios.

Ação de Avarias. Direito que cabe ao segurado de propor ação para receber do segurador a indenização ou a recuperação de perda ou deterioração do bem segurado.

Ação Declaratória. Ação de conhecimento, cuja finalidade é uma declaração judicial a respeito de determinada relação jurídica.

Ação Declaratória Incidental. No curso de um processo, tal ação é proposta no caso de se tornar litigiosa a relação jurídica de cuja existência ou inexistência depende o julgamento da lide.

Ação de Comisso. Ação proposta pelo senhorio contra o foreiro, exigindo a anulação e a extinção da enfiteuse. Só a falta de pagamento de foros durante três anos seguidos pode ocasionar o pedido e a decretação de comisso.

Ação de Comodato. É a que o comodante move contra o comodatário com o fim de receber deste a restituição da coisa emprestada, nas mesmas condições em que a ele foi entregue e, se for o caso, exigir a reparação de perdas e danos.

Ação de Consignação em Pagamento. Mediante o depósito de quantia ou coisa devida, a ação libera o devedor de sua obrigação. É um procedimento especial previsto na legislação.

Ação de Construção e Conservação de Tapumes. Ação que compete ao proprietário de um imóvel a fim de obrigar os proprietários dos imóveis confinantes a concorrerem para as despesas de construção e de conservação dos tapumes divisórios.

Ação de Cumprimento de Sentença Normativa (*Processo do Trabalho*). Ação condenatória que exige do empregador o cumprimento de direito reconhecido em sentença normativa.

A denominação deste tipo de ação decorre do fato de ela não ensejar execução, mas cumprimento, em face de sua natureza constitutivo-normativa ou declaratório-normativa.

Ação de Dano Iminente. Ação do proprietário do imóvel com o fim de exigir do dono de um prédio vizinho a reforma ou a demolição imediata deste, no caso de ameaça de desabamento.

Ação de Dano Infecto. Ação sumária que visa impedir o uso de alguma propriedade de modo nocivo ou prejudicial a outrem ou à comunidade. Também se denomina ação compulsória.

Ação de Declaração de Ausência. Ação que visa regularizar a situação dos bens deixados por pessoa desaparecida, da qual não se tem notícia alguma durante o período de tempo exigido por lei.

Ação de Depósito. Ação que o depositante move contra o depositário com o intuito de obter a restituição do bem depositado, acrescido de juros ou outros frutos. Tal ação pode ocasionar a prisão do depositário infiel.

Ação de Despejo de Imóvel Locado. Ação que obriga o inquilino a desocupar o imóvel alugado. Pode ser motivada pela falta de pagamento de aluguéis ou por outros motivos, como, por exemplo, a utilização do imóvel pelo proprietário ou por algum familiar. Em tais casos, é denominada como ação ordinária de despejo.

Ação de Divisão. Ação que compete a qualquer condômino, com base no direito assegurado, de exigir que os demais condôminos partilhem a coisa comum. O mesmo que Ação Divisória.

Ação de Divórcio. Ação que visa pôr termo ao casamento e aos efeitos civis do matrimônio religioso. O divórcio resulta em dissolução da sociedade conjugal, rompendo todos os laços jurídicos formados pelo casamento. Seus efeitos são mais amplos que os da separação, visto que ele quebra o próprio vínculo conjugal e os cônjuges ficam desimpedidos para um novo enlace matrimonial.

Ação de Enriquecimento Ilícito. Ação que objetiva retirar do patrimônio do réu os bens que este obteve de maneira injusta, em prejuízo do autor. Legitima aquele que sofreu perda a demandar o restabelecimento de seu patrimônio contra aquele que, sem justa causa, dele se apossou.

Ação de Evicção. Direito que assiste ao adquirente de coisa certa de exigir do alienante o preço, a indenização e as justas despesas ou somente a importância proporcional ao desfalque por ele sofrido, quando, após adquirir a coisa, dela se viu privado, no seu todo ou só em parte, por sentença que atribui a outrem essa coisa adquirida.

Ação de Extinção de Habitação. Ação movida pelo proprietário contra a pessoa a quem conferiu o direito real de habitação, ocupante do imóvel de sua propriedade, a fim de que se declare extinto esse direito. O direito real de habitação se extingue pela morte de seu titular, pelo término de sua duração, pela cessação da causa de que se origina, pela consolidação, pela prescrição e por culpa do ocupante do imóvel, quando o aliena ou o deixa arruinar-se.

Ação de Filiação. A que compete ao filho, enquanto viver ou aos herdeiros se ele morrer menor, ou incapaz, a fim de pleitear em juízo o reconhecimento de sua filiação, quando negada ou não reconhecida.

Ação de Força Nova. Ação do possuidor legítimo para, em caso de perturbação ou violência contra a posse, defender sua propriedade ou reavê-la.

Ação de Garantia. Ação que compete àquela pessoa que, ao adquirir algum bem, perde este mesmo bem para um terceiro, porque este já possuía direito sobre tal bem. Também é chamada de ação de evicção.

Ação de Indenização. Tem por objetivo assegurar a alguém o ressarcimento ou a reparação de algum dano causado por outrem, em consequência de ato, abstenção de ato ou de algum fato que tenha trazido prejuízo ao seu patrimônio. Tal ação indica sempre uma reparação pecuniária. O autor deseja, portanto, provocar o restabelecimento de seu patrimônio que foi atingido por ato, fato ou omissão imputável ao réu.

Como exemplo, podemos mencionar a ação de indenização por danos materiais em acidente de tráfego, prevista no art. 275 do *Código de Processo Civil*.

Ação de *In Rem Verso*. Ação que compete àquele que tenha sido prejudicado por ato de terceiro injustamente favorecido. Sinônimo de ação de enriquecimento ilícito ou injusto ou sem causa.

Ação de Integralização de Capital. Tem por objetivo declarar a incapacidade de sociedades e síndicos de falências de exigirem dos acionistas de sociedades por ações ou por cotas de responsabilidade limitada a integralização de ações ou cotas que subscreveram.

Ação de Interdição. Ação que pede para que seja declarada a incapacidade de uma pessoa para comandar seus atos na vida civil e, consequentemente, seja nomeado um curador para ela.

Ação de Interdito Proibitório. Ação que visa evitar qualquer violência iminente contra a posse.

Ação de Inventário. Tem por objetivo a arrecadação, descrição e partilha dos bens pertencentes à pessoa falecida, sejam eles bens móveis, imóveis, títulos, ações ou direitos. Em relação aos herdeiros, a ação tem como finalidade primordial limitar suas obrigações em relação à herança, de modo a não poderem ir além de sua própria capacidade ou força.

Ação de Investigação de Paternidade. Ação que cabe ao filho natural para obter de alguém o reconhecimento de sua filiação.

Ação de Mandato. Ação em que se requer comprovação da existência ou inexistência, da validade ou não de mandato, bem como a comprovação de direitos e deveres decorrentes deste mandato para o mandante e o mandatário.

Ação de Manutenção na Posse. Ação movida pelo possuidor de qualquer bem, seja móvel ou imóvel, contra alguém que venha a perturbar sua posse.

Ação Demarcatória. Ação que o proprietário ou o condômino de um imóvel impetra contra os possuidores dos prédios confinantes, com o objetivo de serem fixados os rumos novos ou aviventados os já existentes.

Ação Demolitória. Ação que visa obrigar alguém a demolir obra construída em flagrante desacordo com o direito de vizinhança. Também denominada Ação de Demolição, é a que alguém move com o objetivo de impedir que outrem continue obra nova que prejudica sua propriedade ou servidão. Dela resulta a demolição da obra e o ressarcimento dos danos porventura causados.

Ação de Mútuo. Ação movida pelo mutuante contra o mutuário, com o objetivo de obter a restituição do bem no mesmo gênero, qualidade e quantidade.

Ação de Nulidade. É o meio legal utilizado por alguém com a finalidade de que seja decretada a ineficácia de ato jurídico ou contrato nulo atingido por vício essencial.

Ação de Nulidade de Partilha Amigável. Ação de procedimento ordinário que visa anular uma partilha amigável, lavrada em instrumento público, reduzida a termo nos autos do inventário ou constante de escrito particular homologado pelo juiz, em consequência de dolo, coação, erro essencial ou intervenção de incapaz.

Ação de Nulidade de Patente de Invenção. Ação que tem por objetivo a declaração de nulidade do chamado privilégio, isto é, do direito do inventor de explorar com exclusividade o seu invento. É matéria tratada pela *Lei da Propriedade Industrial*.

Ação de Nulidade de Registro. Ação que visa à declaração de nulidade do registro feito em discordância com as prescrições legais. O oficial que provocar a nulidade será responsável civil e criminalmente.

Ação de Nunciação de Obra Nova. Ação sumária feita para embargar obra nova que não cumpre determinação legal em sua edificação. Tem por objetivo paralisar uma construção que poderia prejudicar interesse alheio, posse ou propriedade de alguém ou até a ordem pública.

Ação de Outorga Compulsória de Escritura de Imóvel.
Também chamada de Ação de Adjudicação Compulsória, é de competência do adquirente de um imóvel, buscando a obtenção da escritura definitiva, desde que efetuado o pagamento integral do preço e após serem atendidos todos os requisitos legais.

Ação de Passagem Forçada. Ação sumária em que se postula a saída para via pública, quando o prédio ou imóvel se achar encravado em outro.

Ação de Perda do Pátrio Poder. Ação que pode ser movida por parente de menor, com a finalidade de afastar o pai ou a mãe do exercício do pátrio poder. São estabelecidas pelo *Estatuto da Criança e do Adolescente* as causas que provocam a perda do pátrio poder.

Ação de Perdas e Danos. Ação movida contra o réu, com o objetivo de condená-lo a pagar perdas e danos que resultaram de alguma atitude de sua responsabilidade.

Ação de Petição de Dote. Ação que o marido pode utilizar para obter do dotador a entrega do dote prometido, no prazo e da maneira convencionada.

Ação de Petição de Herança. Ação proposta pelo herdeiro legítimo ou testamentário para haver a cota herdada ou que lhe coube por disposição testamentária a que faz jus, mas que não entrou em sua posse, com todos os seus acessórios e rendimentos.

Ação de Preempção ou Preferência. Direito que assiste à pessoa que tem por contrato a preferência para a aquisição de determinado bem. Se tiver legalmente este direito de opção, pode exigir do vendedor o respeito a tal condição.

Ação de Prestação de Contas. Ação para exigir que sejam prestadas contas por aquele que as deve prestar ou também para obrigar que receba tais contas aquele a quem elas devem ser prestadas.

Ação de Recuperação de Títulos ao Portador. Ação que pode utilizar a pessoa que foi injustamente privada de títulos ao portador para obter novamente esses títulos e impedir que alguém possa deles se utilizar para receber os respectivos rendimentos ou seu pagamento.

Ação de Redução de Preço. Ação que visa ao abatimento do valor cobrado pelo bem, levando em consideração que este apresentou vícios ocultos. Também é chamada de ação estimatória.

Ação de Reintegração de Posse. Ação movida pelo possuidor de um bem móvel ou imóvel com o fim de avocar a proteção da Justiça para reaver aquilo de que foi usurpado ou esbulhado.

Ação de Reivindicação. Ação que se fundamenta na propriedade de algo móvel ou imóvel e cuja finalidade é a de ir retirar tal bem das mãos de quem injustamente o possui.

Ação de Remissão de Penhor. Ação interposta por devedor ou por terceiro interessado com o objetivo de liberar um bem penhorado, mediante o pagamento da dívida.

Ação de Renovação de Contrato de Locação. Direito que assiste ao locatário de imóvel não residencial de exigir do locador a renovação do contrato anterior em idênticas condições ou nas condições decretadas em juízo.

Ação de Reparação de Dano. Meio judicial utilizado por alguém, quando prejudicado ou ofendido, para exigir a reparação dos danos que lhe foram causados pelo réu ou seu preposto. Exceto em casos personalíssimos, esta ação passa para os herdeiros da pessoa prejudicada ou ofendida.

Ação de Reparação de Danos Materiais Causados por Acidente de Trânsito. Ação cuja finalidade é a de estabelecer um nexo causal entre o ato praticado no trânsito pelo réu ou seu preposto e o consequente dano material para que este, aferido pecuniariamente, possa ser objeto de indenização pelo autor.

Ação de Repetição de Indébito. Ação pela qual se pede a devolução de importância paga indevidamente. Também se denomina ação de restituição de indébito.

Ação de Revisão de Crédito. Ação que tem por objetivo promover a revisão ou retificação da classificação de um crédito, no caso de falência decretada, a fim de se corrigir os erros praticados anteriormente.

Ação de Revogação de Doação. Ação que o doador move contra o donatário, com o fim de invalidar a doação feita a este, por motivo de ingratidão do donatário ou de inexecução de encargos.

Ação de Separação Judicial Consensual. Ação que objetiva realizar a separação judicial por consenso mútuo dos cônjuges que já estão casados há mais de dois anos.

Ação de Sonegados. Ação movida por algum herdeiro ou credor da herança contra outro herdeiro ou contra o inventariante que tiver sonegado bens do espólio.

Ação de Tomada de Contas. Ação que cabe ao gestor de negócios alheios que vem perante o dono do negócio pedir, seja por qual motivo for, que este lhe tome as contas, com o objetivo de ser liberado das responsabilidades pelo encargo que tinha em decorrência de convenção ou em virtude de lei.

Ação de Tutela. Ação que o tutelado ou o curatelado propõe contra seus tutores ou curadores, objetivando prestação de contas e indenização por danos causados.

Ação de Usucapião Especial de Imóvel. Ação que o possuidor de imóvel rural ou urbano, após ocupá-lo sem oposição durante cinco anos ininterruptos, impetra para se tornar seu proprietário. A Constituição Federal prevê outros requisitos para tal usucapião.

Ação Discriminatória. Ação cujo objetivo é o de realizar o processo discriminatório, isto é, individualizar por separação as terras devolutas da União, eventualmente confundidas com terras particulares.

Ação do Código. Significa o limite de obrigatoriedade de determinada lei codificada pelos poderes públicos, segundo sua aplicação no tempo, no espaço e na matéria.

Ação do Optante. Direito que cabe àquele que, por contrato ou por força de lei, tem a preferência na alienação de um bem e dela se utiliza para efetivar esse tal direito.

Ação em Causa Própria. É aquela em que a própria parte litigante vem em pessoa defender em juízo os seus próprios direitos.

Ação Especial. Toda e qualquer ação para a qual a lei estabelece rito próprio. O *Código Civil* estabelece procedimentos especiais de jurisdição contenciosa e procedimentos especiais de jurisdição voluntária.

Ação Executiva. Segundo o estatuto processual civil vigente, é a atualmente chamada de execução contra devedor solvente por título extrajudicial.

Ação *Ex Empto*. Ação movida pelo comprador para exigir do vendedor a entrega do bem vendido ou parte dele, de acordo com o compromisso assumido no contrato de compra e venda, desde que já tenha sido efetuado o pagamento do valor total ou do sinal ajustado.

Ação Falimentar. É a ação que o credor ou também o próprio devedor comerciante pode mover para alcançar a declaração judicial da falência.

Ação Hipotecária. Ação pela qual o credor hipotecário exige a execução da dívida garantida por hipoteca. Tal ação faz recair a penhora sobre os bens apresentados em garantia, com o fim de prover, mediante a venda judicial desses bens, o valor do crédito, incluindo os juros e as despesas.

Ação Mista. Ação que, ao mesmo tempo, é reipersecutória e penal, isto é, a ação que o autor move com o fim de reclamar o que lhe pertence, o que lhe é devido, e também de pedir o cumprimento da pena a que o réu deve ser condenado, em virtude de disposição legal ou contratual.

Ação Monitória. Ação que compete àquele que, fundamentado em prova escrita, mas sem eficácia de título executivo, pretende receber pagamento em dinheiro, ou ter a entrega de bem fungível ou de determinado bem móvel.

Ação Negatória. Ato jurídico utilizado pelo proprietário de um imóvel para impedir ou reparar alguma violação a seu direito, oriunda sobretudo de servidão indevida, a fim de que a propriedade seja declarada livre da violação.

Ação Negatória de Maternidade. Ação constitutiva negativa mediante a qual é solicitada a anulação de um registro de nascimento que, sem fundamento algum, apresenta falsamente determinada mulher como sendo a mãe da criança.

Ação Negatória de Paternidade. Ação que tem por finalidade contestar a presunção de paternidade. Não deve ser confundida com a ação de impugnação de paternidade.

Ação Negatória de Prorrogação de Locação Comercial. Ação constitutiva negativa mediante a qual o locador de imóvel destinado a fins comerciais ou industriais se nega a prorrogar a locação, antecipando-se a um eventual pedido do inquilino em tal sentido.

Ação Ordinária (*Processo Civil*). Ação integrante do procedimento comum, a par do procedimento sumário. O procedimento comum se aplica a todas as causas, exceto se houver disposição em contrário do próprio *Código de Processo Civil* ou de lei especial. O procedimento especial e o procedimento sumário são regidos por disposições próprias e a eles se aplicam, subsidiariamente, as disposições gerais do procedimento ordinário. A ação ordinária abrange a grande maioria das ações cíveis, cuja tramitação deve observar o procedimento ordinário.

Ação Pauliana. Ação movida pelos credores com o fim de anular os atos praticados pelo devedor, pelos quais onerou ou alienou, mediante dolo ou fraude, bens de sua propriedade que eram os únicos que poderiam ser usados para saldar seus compromissos.

Ação Penal Pública. Ação promovida pelo Ministério Público. Pode ser condicionada ou incondicionada. A primeira depende de representação do ofendido ou de requisição por parte do Ministro da Justiça. A segunda independe de outra iniciativa que não a do próprio Ministério Público.

Ação Pendente. Ação que ainda não teve julgamento, quer dizer, que ainda está em processo de investigação ou de instrução, não se realizou a audiência marcada para seu julgamento, não foi julgada nem em primeira instância, nem em grau de recurso. Portanto, ação pendente ou processo pendente significa que a contenda ainda está em movimento ou que estão sendo discutidos os direitos das partes litigantes.

Ação Pessoal. Ação movida com o objetivo de fazer respeitar ou executar um direito pessoal. Tal direito pode derivar de um contrato, de um delito ou da lei e pode se relacionar ao estabelecimento ou ao modo de exercício de um direito real.

Ação Petitória. Ação cujo objeto é impor o reconhecimento ou a garantia do direito de propriedade ou qualquer direito em todas as suas manifestações. Seu fundamento é precisamente o direito de propriedade.

Ação Popular. Garantida pela Constituição Federal, é a ação que se destina a anular atos lesivos ao patrimônio de entidades públicas. O titular da ação é o cidadão, ou seja, qualquer brasileiro dotado de direitos políticos. A ação deve ser movida contra aqueles que, em nome da entidade pública prejudicada, praticaram o ato ilícito.

Ação Possessória. Ação que visa à proteção da posse ou ao acesso a esta. O possuidor tem o direito de ser mantido na posse, em caso de distúrbio, ou ser restituído em caso de esbulho.

Ação Preparatória. Ação que visa à reunião de todos os elementos necessários à propositura da ação principal, fato pelo qual se torna, muitas vezes, um requisito indispensável.

Ação Principal. Ação que possui caráter autônomo e existência própria, decidindo definitivamente a relação litigiosa mediante a sentença final, quando coexiste com outras de caráter acessório.

Ação Privada. Ação movida mediante queixa da pessoa ofendida ou de seu representante, com o objetivo de solicitar a punição do autor de ato delituoso. Tal ato delituoso pode ser: contra a honra, o de usurpação, o de dano, o de fraude à execução, contra a propriedade intelectual, contra o privilégio de invenção, contra as marcas de indústria e comércio, o de concorrência desleal, contra a liberdade sexual, o de sedução e corrupção de menores, o de rapto, o de contrair casamento por meio de indução do outro contraente em erro essencial, o de adultério, o de fazer justiça pelas próprias mãos.

Ação Pública. Ação promovida mediante denúncia do Ministério Público, a qual depende, se a lei assim o exigir, de requerimento do Ministério da Justiça ou de representação do ofendido ou de seu representante. A ação pública tem por objeto pedir a repressão ou a punição de quem haja infringido a lei penal substantiva.

Ação Real. Ação que tem por objetivo defender um direito de propriedade ou um direito real sobre coisa alheia.

Ação Redibitória. Ação mediante a qual o comprador de um bem exige a restituição do preço e das demais despesas de contrato, quando o objeto comprado apresentar vícios ou defeitos ocultos que o tornam inadequado para aquele uso a que se destinava ou que lhe diminuem o valor.

Ação Regressiva. Ação interposta por alguém que satisfez uma obrigação de responsabilidade de outrem, invocando o direito de regresso contra este, a fim de reaver a importância paga.

Ação Reipersecutória. Ação em que o autor reclama a restituição de algo que se lhe deve ou lhe pertence, e que se acha fora de seu patrimônio, inclusive interesses e penas convencionais.

Ação Renovatória. Ação que visa à renovação de contrato de locação comercial de um imóvel, nas condições anteriores ou de acordo com as que forem fixadas judicialmente.

Ação Repetitória. Ação que compete ao ausente, quando aparecer no período de sucessão provisória, para conseguir a restituição de seus bens, ou que compete a ele ou a seus descendentes ou ascendentes, se aparecerem nos dez anos seguintes à abertura definitiva, com o fim de receberem os bens existentes no estado em que se acharem, os sub-rogados em seu lugar ou o preço que os herdeiros e demais interessados houverem recebido pelos alienados depois daquele tempo.

Ação Repositória. Ação que o proprietário de boa-fé move contra alguém de má-fé que semeou, plantou ou edificou em terreno do primeiro com o objetivo de constranger o segundo a repor as coisas no estado anterior e a pagar os prejuízos.

Ação Rescisória de Sentença. Ação cujo objetivo é a decretação da nulidade de uma sentença transitada em julgado. Tal ação cabe apenas contra a sentença que já não pode mais ser alcançada por recurso ordinário ou extraordinário.

Ação Resolutiva. Também denominada ação resolutória, é a que tem por objetivo a dissolução de um contrato, a fim de que as partes contratantes se liberem de todas as obrigações ali contidas.

Ação Revisional de Aluguel de Imóvel. Ação por meio da qual as partes contratantes solicitam o reajuste do valor do aluguel ao preço atual do mercado, sem questionar a própria relação locatícia.

Ação Revocatória Falimentar. Ação cuja finalidade é a de declarar, em se tratando de massa falida, a ineficácia ou revogação de ato jurídico do devedor, praticado antes da falência, a fim de que sejam incluídos na referida massa os bens retirados indevidamente de seu patrimônio.

Ação Sumária. Após as reformas do *Código de Processo Civil*, é a nova denominação da ação sumaríssima, ação que se procede de plano, de prazo breve, apenas respeitando as fórmulas indispensáveis à defesa natural.

Ação Trabalhista. Ação pela qual se postulam direitos decorrentes de relação de emprego ou, excepcionalmente, de relação de trabalho, como pode ocorrer em casos de pequena empreitada.

Ação Transmissível. Ação que pode ser continuada pelos herdeiros ou sucessores do titular do direito em atividade contra o devedor ou seus herdeiros, tendo em vista que todos os direitos de ordem patrimonial e pertinentes à esfera do *Direito Civil* são transmissíveis, quer ativa, quer passivamente.

Ação Universal. Ação mediante a qual o legítimo interessado requer que lhe seja atribuída a totalidade de uma herança ou de um patrimônio.

Ação Vexatória. É a lide temerária, isto é, descabida, que caracteriza a litigância de má-fé. Sem qualquer apoio em causa justa, evidencia proposta com intuitos maldosos e destinados a perturbar direitos alheios.

Acareação. Técnica utilizada com o objetivo de se apurar a verdade no depoimento de testemunhas e partes, no caso de haver divergências ou contradições. Consiste em se colocar uns na presença de outros, até se conseguir chegar a uma conclusão sobre quais alegações e afirmações são verdadeiras.

Acaso. Acontecimento inesperado, que ocorre independentemente da vontade humana, está fora da previsão racional e não pode ser evitado. É também chamado de eventualidade, fatalidade, destino, caso fortuito e exerce grande influência no direito das obrigações.

Accessio Temporis. Locução latina que significa a aquisição de um direito em face do transcurso do tempo. É utilizada especialmente em locações comerciais para expressar a possibilidade de o inquilino completar o prazo mínimo de cinco anos de locação para ter o direito de propor ação renovatória. Segundo a *Lei do Inquilinato*, o prazo de cinco anos deve ser ininterrupto

Aceitação. Ato pelo qual alguém manifesta, de modo inequívoco, sua aprovação ou seu consentimento a um contrato ajustado ou a uma convenção estabelecida.

Aceite. Ato pelo qual alguém se vincula a uma obrigação cambiária ao assinar o título sacado contra si. O aceite tem por finalidade vincular o devedor sacado à obrigação, tornando-o responsável pelo pagamento do valor ajustado, no dia do respectivo vencimento.

Aceleração de Parto. Agravante do delito de lesão corporal, classificada como lesão corporal de natureza grave. Consiste na antecipação do nascimento, na extração do feto vivo, forçada antes do prazo normal.

Aceptilação. Quitação de dívida que se dá a um devedor, com efeito extintivo da dos demais coobrigados.

Acervo. A soma de todos os bens que formam o patrimônio de uma pessoa natural ou jurídica.

Acessão. Direito que assiste ao proprietário de acrescentar a seus bens tudo o que a eles se incorpora natural ou artificialmente. Os frutos de uma fazenda, os produtos de uma indústria constituem sua natural acessão e a elas se incorporam.

Acesso. No *Direito Público*, é a promoção ou a elevação de funcionário público a um cargo ou uma classe mais alta de sua carreira burocrática. Os cargos públicos são acessíveis a todos os brasileiros, quando observados os requisitos estabelecidos por lei.

Acessório. Propriedade de algo cuja existência depende da existência de outra coisa principal. Logicamente, coisa principal é aquela que não depende de outra para existir. Principal é a coisa que, concreta ou abstratamente, existe por si. Acessória é a coisa cuja existência supõe a da principal e desta depende.

Achádego. Gratificação devida por força de lei a quem achar alguma coisa perdida e a restituir a seu legítimo dono.

Acidente Aeronáutico. Desastre que ocorre com uma aeronave e do qual resultam danos materiais e pessoais. Considera-se grave o acidente que resulta na destruição da aeronave, ou em morte ou ferimentos graves de pessoa que esteja ou não a bordo, ou em graves prejuízos à propriedade de terceiros.

Acidente de Trabalho. Acontecimento imprevisto ou fortuito ocorrido em razão da relação de emprego durante a realização de qualquer tarefa, provocando lesão corporal ou perturbação funcional causadora de morte ou de perda, ou redução temporária, ou permanente, da capacidade de trabalho.

Acidente de Trajeto. É o sofrido pelo empregado no decurso entre sua casa e o local de trabalho ou vice-versa.

Acidente do Mar. Sinistro que ocorre no mar, durante qualquer viagem, causando danos à embarcação, aos passageiros ou à carga por ela transportados. Ex.: incêndio a bordo, tempestade, encalhe, naufrágio.

Ações Conexas. Duas ou mais ações são conexas quando apresentam o mesmo objeto ou a mesma causa de pedir.

Ações de Estado e de Capacidade. Ações cujo objeto é o estabelecimento ou a modificação do estado ou da capacidade das pessoas, sendo, portanto, personalíssimas. São denominadas também ações prejudiciais e os exemplos mais frequentes são a ação negatória de paternidade e a ação de anulação de casamento.

Acoitar. Acolher, dar guarida a alguém perseguido pela lei. Dar hospedagem ao criminoso e ajudá-lo a subtrair-se à ação da autoridade pública. É crime passível de pena de detenção e multa.

Acomodação. Conciliação, acordo feito, espontaneamente ou por sugestão do juiz, entre as partes, pelo qual se interrompe e cessa o litígio.

Acórdão. Julgado, decisão proferida por órgão colegiado. Caracteriza-se, e nisto difere da sentença, por ser decisão coletiva, tomada por voto dos juízes componentes do tribunal, corte ou câmara.

Acordo Coletivo de Trabalho. Ajuste coletivo de salários combinado entre o sindicato e a empresa. Não deve ser confundido com convenção coletiva de trabalho.

Acreditado. Pessoa portadora de credenciais. No *Direito Internacional Público*, é o agente diplomático credenciado para representar o governo de seu país junto ao de outro. No *Direito Comercial*, o termo designa aquele que dispõe de crédito, proveniente de sua probidade ou da extensão de seu patrimônio.

Act of God. Significa o ato de Deus, ou seja, o caso fortuito ou a força maior que se apresenta como excludente da responsabilidade contratual. Termo usado com muita frequência em contratos de prestação de serviços que envolvem alta tecnologia.

Acumulação de Cargos. Segundo o *Direito Administrativo*, é o exercício de mais de um cargo ou função pública, de natureza federal, estadual ou municipal, que a mesma pessoa desempenha simultaneamente.

Acusação. Imputação criminal feita a uma pessoa. Atuação funcional do promotor público na alçada penal. Indicação do ato delituoso praticado por alguém. Todavia, faz-se necessário lembrar a existência do princípio segundo o qual não se pode obrigar nenhuma pessoa a fazer afirmações contra si mesma. Já os romanos diziam: "Ninguém é obrigado a se acusar, senão perante Deus".

Acusação Caluniosa. Ato de imputar falsamente a alguém, perante a Justiça, mediante queixa ou denúncia, a autoria ou a responsabilidade de fatos que, se verdadeiros, implicariam crime previsto na lei penal, sujeitando seu autor às sanções cabíveis.

Acusado. Denunciado, indiciado, aquele a quem se atribui, perante a Justiça, fato previsto na lei como crime ou como contravenção. No processo penal, é o réu.

Acusador. Quem apresenta uma acusação. Aquele que, em razão de ofício público ou por mandado judicial, apresenta queixa ou denúncia contra alguém, promovendo todos os atos processuais necessários à apuração da responsabilidade criminal do acusado.

Acusador Particular. Advogado ou procurador constituído pelo ofendido, com o propósito de auxiliar a acusação. Também se chama auxiliar de acusação e assistente.

Adendo. Aditamento ou acréscimo feito a qualquer ato escrito que já havia sido concluído, mas no qual houve alguma omissão. Tem o mesmo significado de adição, adicional, aditivo. Uma proposta aceita com adendo importa em nova proposta.

Ad Hoc. Indica o substituto ocasional, designado para realizar ato ou solenidade, pela ausência ou impedimento do serventuário ou funcionário efetivo. Advogado *ad hoc*.

Adiantamento da Legítima. Qualquer entrega antecipada por conta da herança, feita pela pessoa a seu herdeiro presuntivo. A lei considera como pagamento antecipado da legítima a doação de bens feita pelos pais aos filhos.

Adição da Denúncia. Ato pelo qual o promotor público, após ter oferecido a denúncia, nela inclui novos nomes ou fatos que a ela se integram.

Adição da Herança. Exprime a manifestação expressa ou tácita da vontade do herdeiro legítimo ou testamentário em aceitar a herança.

Adição de Nome. Acréscimo que se faz ao nome patronímico, mediante processo especial previsto em lei.

Adicional da Remuneração. Importância que se acresce ao salário do empregado, em razão de determinadas peculiaridades de seu trabalho.

Adicional de Horas Extras. Valor que se acrescenta à remuneração do assalariado, tendo em vista um acréscimo de tempo de trabalho à jornada normal diária.

Adicional de Insalubridade. Importância obrigatória a ser acrescida à remuneração do empregado, em face das condições insalubres em que este exerce suas funções.

Adicional de Periculosidade. Importância que deve ser obrigatoriamente acrescida ao salário do empregado, diante da possibilidade de danos à sua saúde, ensejada pela natureza de sua função.

Adicional Noturno. Importância que se acrescenta à remuneração do empregado que realiza trabalho noturno. A razão deste adicional é compensar o natural desgaste físico maior do trabalhador, em horário normalmente destinado ao repouso.

Adido. Membro de corpo diplomático que exerce em outro país suas funções na embaixada, no consulado ou numa legação, como auxiliar do embaixador, do cônsul ou do ministro plenipotenciário. Pode ser adido civil ou adido militar.

Adimplemento da Obrigação. Forma genérica de extinção das obrigações. O adimplemento inclui todas as formas de extinção das obrigações, como a novação, a compensação, a transação e outras.

Aditamento da Petição Inicial. Modificação do pedido ou da causa de pedir, solicitada pelo autor antes da citação, independentemente de autorização da outra parte. As custas acrescidas em razão do aditamento correm por conta do autor.

Aditamento da Queixa. Acréscimo que o Ministério Público pode fazer à queixa, mesmo quando a ação penal for privativa do ofendido. Este aditamento também pode ser apresentado nos crimes de ação pública não intentada no prazo legal, motivo pelo qual foi admitida a ação privada sem que o Ministério Público a repudiasse, com oferecimento de denúncia substitutiva.

Aditamento do Libelo. No *Direito Processual Penal*, é a peça apresentada pelo assistente do Ministério Público, admitida nos autos como complemento e reforço do libelo do Promotor, nas ações públicas.

Adjudicação. Ato judicial que estabelece e declara que a propriedade de um bem penhorado é transferida de seu primitivo dono para o credor que assume sobre tal bem todos os direitos de domínio e posse. A adjudicação não deve ser confundida com a arrematação, embora ambas produzam idênticos efeitos.

Ad Judicia. Cláusula inserida em procuração para autorizar o procurador legalmente instituído a praticar todos os atos judiciais, em qualquer foro ou instância, exceto aqueles atos para os quais se exija menção expressa. Tem o mesmo significado que procuração geral para o foro.

Adjunção. Reunião ou mistura de coisas da mesma espécie, pertencentes a diversas pessoas, de modo que possa advir confusão, dada a semelhança dessas coisas.

Ad Libitum. Expressão latina que significa a liberdade conferida a alguém para escolher entre a prática ou a omissão de um ato.

Adminículo. Designação de todo elemento probatório que não estabelece uma prova completa ou positiva, mas corrobora ou contribui para a formação de uma prova efetiva. Portanto, é um indício, uma circunstância, um começo de prova que auxilia na formação de uma prova mais perfeita ou no seu fortalecimento.

Administração Privada. A que é exercida sobre bens particulares pertencentes a pessoa física ou jurídica, com fundamento no direito de propriedade ou de mandato para tanto outorgado pelo titular do patrimônio administrado.

Administração Pública. Ação de competência do Governo Federal, Estadual ou Municipal, abrangendo o conjunto de órgãos e atos destinados à salvaguarda dos interesses públicos, do bem-estar social, das garantias dos direitos individuais, com o objetivo de atingir as finalidades do governo em relação ao Estado.

Administrado. Pessoa que se encontra sob administração ou está subordinada a seus efeitos. P. ex.: Os menores são administrados pelos pais ou por quem deter o pátrio poder. Todos os componentes da sociedade são administrados pelo Estado.

Administrador. Pessoa a quem se confia, em caráter permanente ou provisório, a direção ou gerência de algum negócio ou serviço público ou privado. De acordo com a responsabilidade e a atividade exercida, existem vários termos que designam o administrador: capataz, diretor, feitor, gerente, liquidatário, síndico.

Admissão em Juízo. No *Direito Processual Civil*, é o ato expresso ou implícito pelo qual o juiz aceita alguém para litigar. A parte deve ser representada em juízo por advogado legalmente habilitado, mas também pode postular em causa própria, dentro dos parâmetros estabelecidos em lei.

Admoestação. Advertência, reprimenda. Pena disciplinar aplicada, em particular ou em público, por superior hierárquico, que consiste em repreender o subordinado que tenha incorrido em falta ou cometido infração regulamentar ou estatutária.

Ad Nutum. Locução latina que revela o direito que assiste a uma das partes que integram a relação jurídica de desfazê-la, independentemente da vontade da outra ou das outras partes.

Adoção. Ato jurídico solene pelo qual um casal ou uma pessoa maior de vinte e um anos assume como filho outra pessoa, que deve ser pelo menos dezesseis anos mais nova que os adotantes.

Ad Perpetuam Rei Memoriam. Expressão latina que designa um meio de prova destinado a preservar, para efeitos jurídicos, o estado atual de determinado fato ou coisa, evitando sua inutilização para efeitos probatórios.

Adquirente. Pessoa que obtém uma coisa móvel ou imóvel, seja por compra, seja por herança ou troca ou acessão. Aquele a quem é transmitida a propriedade de um bem mediante ato jurídico, título legítimo ou disposição da lei.

Ad Referendum. Para a apreciação. Diz-se do ato praticado por alguém sem autoridade irrestrita para praticá-lo e para cuja validade se faz necessária a posterior ratificação da autoridade ou do poder competente. Ex.: Acordo internacional *ad referendum* do Presidente ou do Congresso.

Ad Retro. Diz-se do pacto de retrovenda. Cláusula *ad retro*, cláusula de retrovenda feita no contrato de compra e venda.

Aduana. Sinônimo de alfândega, designa o próprio lugar em que são pagos os impostos devidos pela entrada de mercadoria proveniente de outros países. É a estação arrecadadora dos impostos de importação e exportação ou de quaisquer outros relacionados às mercadorias trazidas para o consumo local.

Adultério. Ato ilícito que se configura quando qualquer dos cônjuges mantém relação carnal com uma terceira pessoa.

Ad Valorem. Segundo o valor. Expressão utilizada para qualificar a tributação feita de acordo com o valor da mercadoria importada ou vendida, segundo a percentagem estabelecida por lei.

Advertência. Admoestação. Pena disciplinar aplicável verbalmente ou por ofício pelo Presidente da Seção da Ordem dos Advogados aos advogados provisionados e solicitadores. É também aplicável a juízes e serventuários da Justiça.

Advocacia Administrativa. Crime cometido por alguém que, na condição de funcionário público, se aproveita de sua posição para defender interesses particulares de outra pessoa perante a Administração Pública.

Advogado. Pessoa legalmente habilitada a advogar, isto é, a prestar assistência profissional a terceiros em assunto jurídico, defendendo-lhes os interesses particulares, seja como consultor, seja como procurador em juízo. Trata-se, portanto, de profissional indispensável à administração da justiça.

Advogado Constituído. O contratado particularmente por alguém para defender seus interesses ou direitos em juízo, mediante remuneração previamente acertada em contrato verbal ou escrito.

Advogado de Ofício. É aquele nomeado pelo juiz a pedido da parte que goza do benefício da justiça gratuita, ou o indicado *ex offício* em processo criminal, quando o réu não tem defensor.

Afasia. Perda dos sinais utilizados pelo homem para a troca de ideias com seus semelhantes. Impossibilidade de falar. Perda ou diminuição considerável do número de palavras emitidas ou perda de compreensão da palavra e da escrita.

Aferição. Ato pelo qual as autoridades fiscalizam os pesos, medidas e balanças usadas pelo comércio estabelecido em sua jurisdição, para medição e pesagem de mercadorias ou gêneros, verificando se os padrões estabelecidos por lei são rigorosamente obedecidos. Há também a *aferição* do taxímetro dos táxis.

Afinidade. Em decorrência de um casamento, é o parentesco que se contrai entre cada um dos cônjuges e os parentes do outro. Assim, por exemplo, os irmãos da mulher se tornam parentes do marido por afinidade.

Aforamento. Contrato de enfiteuse. Mediante tal contrato o proprietário de um imóvel transfere o domínio útil e perpétuo deste, recebendo em troca o pagamento de um foro anual invariável e certo.

Aforismo. Máxima ou expressão que contém verdades fundadas na experiência ou na reflexão, estabelecendo por essa razão um princípio, uma regra, uma sentença que deve ser aceita por todos.

Agasalhados. Termo que designa a mercadoria que, dentro de certo limite de peso, volume e quantidade, qualquer membro da equipagem de um navio pode transportar gratuitamente para fins de comércio. Nossa legislação não os reconhece.

Agente Provocador. Pessoa que induz outra ao crime, por um interesse diferente daquele representado pelo próprio crime.

Agravantes. Circunstâncias que tornam mais grave um crime, sua qualificação ou a pena a ele correspondente, tais como a reincidência, o motivo fútil ou torpe do crime, a ocultação, a impunidade ou a vantagem de outro crime, o crime cometido contra criança, idoso ou enfermo e muitas outras previstas no *Direito Penal*.

Agravo de Instrumento. Recurso cabível das decisões proferidas durante o processo. Deve ser interposto no prazo de cinco dias, a contar da data da ciência do despacho denegatório do recurso.

Agravo Retido nos Autos. Recurso que, à semelhança do agravo de instrumento, cabe das decisões interlocutórias. Independe de preparo e se admite sua interposição oral em decisões interlocutórias proferidas em audiência. Contudo, o agravo retido, escrito ou verbal, não dispensa a exposição das razões do pedido de reforma da decisão.

Agressão. Pode significar o ato como o efeito de agredir, atacar, ofender uma pessoa ou coisa. No *Direito Penal*, o termo se aplica mais ao ataque, à ofensa física contra a pessoa e à ofensa decorrente de palavras e gestos, com intenção injuriosa.

Agressão Armada. No *Direito Internacional*, é o ataque armado dirigido por um Estado contra outro, sem que haja alguma justificativa plausível, como poderia ser a legítima defesa de seus direitos territoriais ou o desagravo de uma grande ofensa de que foi alvo.

Agressão Física. É a agressão material que pode resultar em ofensas físicas, consistentes em ferimentos de qualquer natureza, inclusive até a morte do ofendido.

Agressão Moral. É a agressão consumada por palavras ofensivas ou injuriosas proferidas pelo agressor ou pelo ofensor contra o agredido ou ofendido.

Agressão Mútua. Expressa a reciprocidade de agressão, em que o agressor também se sente agredido e o agredido também se comporta como agressor.

Águas Exteriores. Denominação das águas dos rios ou lagos que se situam entre dois países. As margens dos rios ou lagos limítrofes pertencem ao domínio e jurisdição do país cujo território beiram.

Águas Pluviais. Águas acumuladas em decorrência das chuvas e que podem ser represadas. Passam a pertencer a quem as represou em terreno de sua propriedade.

Águas Públicas. Aquelas que, por direito, pertencem ao domínio do Estado e não são suscetíveis de apropriação pelos particulares. As águas dos rios e lagos ou do mar territorial são águas públicas.

Ajuntamento Ilícito. Reunião de mais de três pessoas em local público, com o propósito de se ajudarem mutuamente para, mediante motim ou tumulto, cometer algum crime, perturbar uma reunião pública ou celebração cívica ou religiosa, ou impedir à alguém do exercício de um direito ou de um dever.

Ajuste. Ato pelo qual duas ou mais pessoas aprovam as condições ou cláusulas estabelecidas para a efetivação de um contrato. Às vezes significa o próprio contrato ou a obrigação assumida. É também o acordo firmado por alguém, mesmo que seja verbalmente, para realizar um serviço ou uma obra.

Alçada. Limite de jurisdição. Significa a competência atribuída ao juiz, em face do valor da causa proposta, respeitada a competência da jurisdição privativa.

Alcance. Utilização indevida de dinheiro ou bem alheio, por parte de quem o administra ou o tem sob sua guarda.

Alegação. Pode significar tanto a afirmativa de uma das partes contendoras em relação a certos fatos, quanto o argumento, as razões apresentadas em apoio a uma coisa.

Aleivosia. Afirmação mentirosa, feita com a intenção de prejudicar a outrem.

Álibi. Forma aportuguesada do termo latino *alibi*, que significa em outro lugar. Meio de defesa apresentado pelo réu para provar sua presença, no momento em que ocorreu o crime ou delito de que está sendo acusado, em lugar diferente daquele em que este foi cometido.

Aliciamento. Crime contra a organização do trabalho, consistente no ato de arrebanhar trabalhadores mediante incitações ou promessas enganosas para levá-los a um país estrangeiro ou de uma para outra localidade do território nacional.

Alienação Fiduciária. Negócio jurídico pelo qual uma das partes, denominada fiduciária, adquire em confiança a propriedade de um bem móvel, assumindo a obrigação de devolvê-lo quando for verificado o fato a que tenha sido subordinada tal obrigação ou quando lhe seja pedida a restituição.

Alienação Fraudulenta. Crime contra o patrimônio que consiste em vender, permutar, dar em pagamento ou garantia alguma coisa própria inalienável, por estar gravada de ônus ou ser litigiosa, ou algum bem imóvel cuja venda está prometida a terceiro mediante pagamento em prestações, ocultando qualquer dessas circunstâncias.

Alimentos. Pensões, ordenados, importâncias em dinheiro ou prestações em espécie que uma pessoa, chamada alimentante, é obrigada por força de lei a prestar a outra, chamada alimentando. Os alimentos não se referem apenas à subsistência material, mas também à formação intelectual, à educação.

Alíquota. Percentual com que determinado tributo incide sobre o valor da coisa tributada.

Alta Indagação. Expressão forense que indica a questão trazida à demanda, que não se esclarece ou resolve sem o concurso de vários elementos buscados em outras partes, além dos que possam ser apresentados pelos próprios interessados. Questões jurídicas de alta indagação só podem ser promovidas em ações cujos ritos sejam ordinários.

Alta Traição. Crime praticado pelo cidadão contra a soberania de seu Estado ou Governo, o qual evidencia um atentado contra a estabilidade interna do país ou contra a sua própria existência.

Alteração de Documentos. Crime caracterizado pelo ato de modificar o conteúdo de um documento, seja público, seja particular, mudando-o em sua substância ou em partes, mediante supressão, adição ou substituição de palavras, expressões, números ou sinais.

Alteridade da Norma Jurídica. Característica da norma jurídica que a faz vinculante para duas ou mais pessoas. As normas jurídicas são bilaterais, pois regulam a conduta de um ou mais sujeitos em relação à de outro ou de outros, de onde se origina a expressão alteridade, derivada do termo latino *alter*, outro.

Alternativa. Opção de que goza uma pessoa, concedida por lei, por direito ou por convenção, de escolher um entre vários objetos ou uma entre várias formas de exercer o direito de que é titular.

Alto-Mar. No *Direito Marítimo*, significa o afastamento da costa, a zona do mar que se encontra fora da jurisdição de qualquer país.

Aluguel. Importância paga ao locador pelo locatário em retribuição à cessão do direito de uso do bem locado. O aluguel pode se referir a bem móvel ou imóvel.

Aluvião. Fenômeno natural que ocasiona um acréscimo de terreno nas bordas do mar ou dos rios, em consequência das terras trazidas pelas águas. Estas terras acumuladas que vão se consolidando e unindo às terras marginais passam a pertencer aos donos das respectivas propriedades.

Alvará. Ordem expedida por uma autoridade em favor de alguém, certificando, autorizando ou determinado certos atos ou direitos.

Alvará de Soltura. Ordem judicial para a liberação imediata de quem se acha preso ou de um condenado com pena cumprida ou extinta.

Ameaça. Intimidação, promessa de castigo ou malefício. No *Direito Civil*, pode caracterizar a coação, que se torna defeito dos atos jurídicos, assim como o erro e o dolo. No *Direito Penal*, tipifica crime contra a liberdade pessoal.

Ampliativo. Modo de interpretar uma lei, o qual autoriza a aplicação do texto a casos não incluídos na significação das palavras, mas que são abrangidos pelo espírito dessa lei.

Analogia *Juris*. Em caso não previsto por lei, a aplicação de um princípio geral do direito anteriormente utilizado em caso análogo.

Analogia *Legis*. Raciocínio segundo o qual se aplica a um caso não previsto uma norma jurídica concernente a uma situação prevista, contanto que entre ambos os casos exista alguma semelhança e a mesma razão jurídica para resolvê-los de igual maneira. Aplica-se o princípio: Onde houver o mesmo fundamento, deve haver o mesmo direito.

Andamento do Feito. Trâmites regulares de um processo, de acordo com a lei, pelas diversas fases, desde a instrução até a decisão final. O fato de o autor deixar de promover o andamento da causa por mais de trinta dias provoca a extinção do processo.

***Animus*.** Intenção, desígnio, ânimo. Termo latino utilizado para mostrar o elemento intencional que se leva em conta em certo número de situações jurídicas para determinar a exata natureza delas. Elemento subjetivo que traduz a intenção do agente e caracteriza a formação de certos atos ou fatos jurídicos.

***Animus Adjuvandi*.** Intenção de ajudar, de contribuir ou cooperar para a prática do fato ou, pelo menos, para favorecê-lo.

Anistia. Perdão geral, ato pelo qual o poder público extingue a punibilidade de todos quantos tenha perpetrado determinados delitos. É medida de caráter coletivo que beneficia pessoas condenadas criminalmente, isentando-as de pena e tornando sem efeito as sanções aplicadas.

Anistia Fiscal. Perdão de débitos relativos ao Fisco.

Ano Civil. Intervalo de tempo que se estende de 1º de janeiro a 31 de dezembro.

Ano Comercial. Ano cujos meses são todos considerados como de trinta dias.

Ano Fiscal. Para efeito de obrigações com o Fisco, entende-se o período compreendido entre 1º de janeiro e 31 de dezembro, coincidindo, portanto, com o ano civil.

Anonimato. Condição de autor de um escrito não assinado. Estado daquilo que aparece sem o nome ou a assinatura do autor. No exercício da liberdade de manifestação do pensamento e de informação, não é permitido o anonimato. A publicação de um escrito em jornais ou periódicos sem a indicação de seu autor é considerada redigida pelo redator da seção em que sai o trabalho, ou pelo diretor ou redator-chefe, se publicado na parte editorial, ou pelo gerente ou proprietário das oficinas impressoras.

Anorquidia. Ausência congênita de ambos os testículos ou permanência deles no abdômen, atrofiados, acarretando incapacidade genética. Visto tratar-se de um defeito físico irremediável, se a nubente ignorar tal fato antes do casamento, considera-se erro essencial quanto à pessoa de seu portador, tornando anulável o casamento.

Antecedente. Tudo o que precede ou vem antes, na ordem ou no tempo, em que as coisas realmente devem cumprir-se. Na linguagem processual, designa as formalidades preliminares ou habilitantes indispensáveis para a execução regular de certo ato.

Antecontrato. Pré-contrato, pacto que precede a celebração do contrato definitivo.

Antenupcial. Diz-se do acordo celebrado antes do casamento pelos nubentes com relação a seus bens.

Anteprojeto. Estudo que se faz preliminarmente para servir de base a determinado plano. É também o esboço de uma lei, com o objetivo de que, após serem estudadas as normas ali formuladas, seja aprovado o projeto definitivo, transformando-se em lei.

Anticrese. Direito de garantia pelo qual o devedor, conservando ou não a posse do imóvel, atribui ao credor, a título de garantia da dívida, os frutos e rendimentos que se originam do imóvel. O credor, nesse caso chamado anticresista, pode reter o imóvel até o cumprimento da obrigação.

Antinomia. Contradição real ou aparente, evidenciada entre duas leis. Conflito entre duas normas jurídicas ou entre duas cláusulas do instrumento de uma declaração de vontade.

Antropologia Criminal. Parte da ciência dedicada ao estudo de muitos aspectos do homem delinquente, na sua morfologia, fisiologia, endocrinologia, psicologia, patologia, hereditariedade, formação embrionária, doméstica, social, profissional e econômica.

Anulação. Decisão de caráter judicial ou administrativo que declara não ser válida uma norma ou um ato, ou um negócio jurídico. A anulação tem efeito retroativo, razão pela qual torna sem efeito uma situação aparentemente consolidada.

Aos Costumes. Locução utilizada em processos civis ou criminais. Todavia, é corruptela da expressão verdadeira "as perguntas de costume" que indica as perguntas feitas pelo juiz à testemunha ou qualquer outra pessoa, antes de inquiri-la, para verificar se existe ou não algum impedimento legal do depoente.

Apart-Hotel. Imóvel que possibilita uma forma de ocupação diferente da locação propriamente dita. Também conhecido como *flat service*, origina contrato de hospedagem e não de locação. Pelo fato de atender a uma necessidade de permanência demorada do usuário, o *apart-hotel* é considerado residência ou domicílio, conforme determina a *Lei do Inquilinato*.

Apátrida. Pessoa que, por algum motivo de força maior, não tem pátria.

Apelação. É o recurso que se interpõe de decisão definitiva de primeira instância, para a instância imediatamente superior, a fim de pleitear a reforma, total ou parcial, da sentença com que a parte não se conformou.

Apelido. Denominação vulgar ou popular por que se conhece uma pessoa. Designa também o nome de família ou o nome herdado do pai. Mais conhecido e utilizado é o termo sobrenome, ou apelido de família.

Apenado. Pessoa a quem foi imposta uma pena. Condenado ao cumprimento de uma pena.

Apensamento. Medida judicial cível que, em determinadas circunstâncias especiais, reúne autos de ações conexas, os quais passam a tramitar juntos.

Apógrafo. Reprodução de um escrito original. Translado de um documento original.

Apólice de Seguro. Instrumento de contrato de seguro celebrado entre o segurado e o segurador, contendo o valor do objeto segurado, o prêmio devido e outras cláusulas.

Apologia do Crime. Elogio público a fato criminoso ou a algum autor de crime. É classificado como crime contra a paz pública.

Apontamento de Título. Apresentação de letra de câmbio ou de qualquer outro título protestável, por falta de aceite ou de pagamento, ao ofício de protesto.

Aposentadoria. Ato pelo qual o poder público ou o empregador confere a um funcionário público ou a um empregado a dispensa do serviço ativo a que este estava sujeito, embora continue a pagar-lhe a remuneração total ou parcial a que tem direito, como se continuasse em efetivo exercício de seu cargo. A aposentadoria pode ser voluntária, compulsória, por invalidez, por idade ou especial.

Apostila. Declaração ou aditamento feito em documento público com o fim de registrar qualquer ato ou determinação emanada da autoridade competente, nos casos previstos em lei e na forma por esta determinada. Anotação feita em título de nomeação para cargo público, relativa a remoção, transferência, aposentadoria etc.

Aprazamento. Determinação de prazo para se praticar certo ato, executar certa ação ou cumprir uma obrigação. Notificação de um prazo.

Aprazimento. Consentimento espontâneo ou aprovação expressa pelas partes para solucionar um problema jurídico ou cumprir uma disposição legal.

Apreensão. Ato executado mediante autorização de órgão competente, com o fim de retirar uma pessoa ou certa coisa do poder de quem a está detendo injustamente.

Apreensão de Título. Medida cautelar que determina que o credor seja resguardado em caso de o emitente, o sacado ou o aceitante não restituir o título ou fraudulentamente o ocultar.

Aprendiz. Perante o *Direito do Trabalho*, é a pessoa que está aprendendo coisa que não sabe ou está sendo iniciada em profissão, arte ou ofício que desconhece. O aprendiz recebe simultaneamente certa importância por seu trabalho e o ensinamento metódico da profissão.

Apresamento. Ato pelo qual um navio de guerra inimigo ou corsário se apodera de outro navio ou de sua carga.

Apresentação Simultânea de Cheques. Ocorre quando dois ou mais portadores apresentam seus cheques ao mesmo tempo, havendo, porém, cobertura para apenas um destes. Neste caso, a preferência é do dono do cheque com a data mais remota e, se todos tiverem a mesma data, terá preferência o de menor numeração.

Apropriação Indébita. Ato de se assenhorear de coisa alheia móvel para proveito e uso próprio ou de terceiro, vinda ao seu poder por erro, caso fortuito, ou força maior, o que constitui crime contra o patrimônio.

Aptidão. Capacidade jurídica para adquirir ou exercer um direito e para praticar atos da vida civil. Habilitação legal.

Apto. Diz-se do indivíduo que está em condições de exercer determinado cargo ou ofício, ou de desempenhar certa função, ou que tem capacidade jurídica para praticar certo ato.

Aquestos. No *Direito de Família*, são os bens adquiridos na vigência da sociedade conjugal e que entram na comunhão, quando esta é o regime adotado no casamento, desde que não exista cláusula contrária, inserida expressamente no pacto antenupcial.

Arbitragem. Processo decisório utilizado para dar solução a litígio ou divergência existente entre duas ou mais pessoas. No *Direito Internacional*, forma de resolver pendências entre Estados, seja em face de tratado anterior, seja por resolução nova.

Ardil. Estratagema, astúcia, sutileza. Procedimento maneiroso e malicioso utilizado por uma pessoa, com o fim de conseguir de outrem o seu consentimento sobre a aceitação de ato ou negócio que lhe traga vantagens.

Areópago. Na Grécia antiga, era o alto Tribunal de Justiça, situado em Atenas. Modernamente, designa uma assembleia de sábios e, por extensão, qualquer tribunal de justiça.

Aresto. Acórdão; decisão proferida por um tribunal de justiça, que serve de paradigma para solução de casos análogos. É uma das fontes da jurisprudência.

Arguição de Relevância. Argumentação apresentada, na petição de recurso extraordinário, sobre a relevância da questão federal suscitada nesse recurso, a fim de possibilitar sua aceitação e seu conhecimento pelo Supremo Tribunal Federal, mesmo na hipótese em que, pelo seu Regimento Interno, não coubesse o apelo excepcional.

Argumento *Ab Absurdum*. Raciocínio pelo qual se admite uma teoria, um fato, uma ideia ou um princípio contrário àquilo que se defende, para então chegar a uma conclusão favorável ou para evidenciar que seria absurda a interpretação da lei contrária à que se invoca.

Argumento *a Contrario Sensu*. Modo de argumentar pelo qual se demonstra que, num caso contrário ao previsto por determinada disposição legal, deve-se também aplicar regra jurídica contrária àquela.

Argumento *a Fortiori*. Dedução à qual não se pode deixar de chegar, partindo de outro argumento, por imperativo da lógica. Argumento pelo qual do menor se deduz o maior.

Argumento *a Posteriori*. É aquele que aplica a indução, ou seja, remonta do efeito à causa, do particular ao geral, da observação à regra.

Argumento *a Priori*. Raciocínio que utiliza o método exatamente contrário ao do argumento *a posteriori*. É o argumento dedutivo, que parte do geral para o particular, da causa para o efeito. Não se funda nos fatos ou em dados concretos, mas na razão e na regra abstrata.

Arma. Todo e qualquer utensílio ou instrumento utilizado pelo homem para atacar outra pessoa ou para se defender de ataques por ele sofrido. Para distinguir suas espécies, as armas recebem vários nomes: arma branca, arma cortante, arma curta, arma de alcance, arma de arremesso, arma de fogo, arma perfurante, arma proibida.

Armistício. No *Direito Internacional*, significa o acordo ou ajuste celebrado entre duas ou mais nações que estão em guerra para que cessem as hostilidades.

Arras. Sinal ou garantia que um dos contratantes dá ao firmar a presunção do acordo final, tornando obrigatória a convenção.

Arrazoado. Documento escrito, no qual as partes litigantes apresentam seus argumentos ou alegações para serem juntados aos autos do processo.

Arrebatamento de Preso. Crime contra a administração da justiça, caracterizado pelo ato de arrancar violentamente um preso do poder de quem o guarda ou custódia, com o objetivo de maltratá-lo.

Arrecadação de Bens de Devedor Insolvente. Ato judicial cujo objetivo é impedir a livre disponibilidade dos bens de um devedor insolvente, a fim de acautelar interesses de terceiros.

Arrematação. Ato do processo de execução pelo qual certos bens do devedor solvente são alienados em praça pública ou leilão, por uma importância certa.

Arrendamento. Contrato pelo qual uma pessoa, dona de um prédio ou imóvel, entrega a outrem, mediante contribuição fixa e prazo certo, o uso e o gozo desse bem.

Arrendamento Rural. Contrato agrário pelo qual alguém se obriga a ceder a outrem, por tempo determinado ou não, o uso e gozo de imóvel rural ou parte dele, podendo incluir ou não outros bens, benfeitorias ou facilidades, com o objetivo de nele ser exercida atividade de exploração agrícola, pecuária, agroindustrial, extrativa ou mista, mediante certa retribuição ou aluguel, observados os limites percentuais determinados por lei.

Arrependimento Eficaz. No *Direito Penal*, é a exclusão da tipicidade do delito, pela qual o agente se arrepende eficazmente, impedindo que ocorra o resultado de uma ação criminosa.

Arrependimento Posterior. Perante o *Direito Penal* é causa de diminuição de pena nos crimes contra o patrimônio, bem como naqueles crimes em que ocorra prejuízo patrimonial.

Arresto. Apreensão de um bem objeto de litígio ou de bens de um devedor necessários à garantia de dívida líquida e certa, cuja cobrança está sendo promovida ou vai ser promovida em juízo, feita a pedido do credor.

Arrimo de Família. Pessoa que é a única garantia de sustento e subsistência de uma família.

Arrolamento de Bens. Segundo o *Direito das Sucessões*, é a forma simplificada de inventário e partilha, realizada entre pessoas maiores e capazes. Por sua simplicidade e brevidade, torna o processo menos oneroso. Como Medida Cautelar, é um procedimento específico que se exige toda vez que houver fundado receio de extravio ou dissipação de bens.

Arrombamento na Execução de Despejo de Imóvel. É uma providência judicial executada por dois oficiais de justiça, quando o inquilino se nega a desocupar o imóvel no prazo assinado pelo juiz.

Artifício. Qualquer meio usado para enganar ou induzir alguém em erro. Astúcia, disfarce, fingimento.

Asilo Diplomático. Acolhida e proteção concedidas, nas sedes das embaixadas das legações diplomáticas ou a bordo de navios estrangeiros ancorados no porto, aos acusados ou perseguidos por crimes de natureza política. É um princípio que se baseia na inviolabilidade das sedes das embaixadas e legações diplomáticas e dos navios estrangeiros, pois são locais considerados parte do território que representam.

Asilo Político. Proteção que um Estado concede a estrangeiros perseguidos por outras nações por causa de crimes políticos ou por defenderem opiniões contrárias às dos governantes.

Assassinato. Ato de destruir a vida de outra pessoa mediante emprego de quaisquer meios. Assassínio, homicídio.

Assembleia Constituinte. O Congresso Nacional, isto é, a Câmara de Deputados e o Senado reunidos especialmente para votar ou reformar, total ou parcialmente, uma nova Constituição.

Assembleia Legislativa. Órgão do Poder Legislativo de cada estado da Federação, cujos membros são eleitos pelo povo, com a incumbência de elaborar, discutir e aprovar as leis de sua competência.

Assembleia Nacional. Conjunto dos órgãos que representam o Poder Legislativo de um país. No Brasil, compreende a Câmara dos Deputados e o Senado.

Assentada. Termo processual que designa o ato pelo qual o escrivão registra a presença de testemunhas em juízo e as qualifica, anotando seus nomes, nacionalidades, profissões e domicílios, antes de lhes ser tomado o depoimento.

Assinação. Aprazamento. Meio utilizado em juízo para se notificar alguém sobre o prazo para a prática de determinado ato ou assistência a este. Ato de intimar mediante pregão as partes para audiência ou para ver correr o prazo em cartório.

Assistência. No *Direito Processual*, intervenção de alguém numa causa, para defender seus próprios interesses ou os de pessoa que esteja sob sua guarda.

Assistência Jurídica Gratuita. Instituição do *Direito Administrativo* que dispensa do pagamento de despesas processuais e da indicação de procuradores as pessoas que estejam impossibilitadas de arcar com esses ônus.

Astreinte. Palavra de origem francesa que indica, na técnica processual civil, a pena pecuniária imposta ao devedor, a qual vai sendo acrescida enquanto o montante global do débito não é pago.

Atentado. Na linguagem jurídica, expressa o ataque, a ofensa, a agressão ao direito, à moral ou à pessoa. No *Direito Processual*, significa toda e qualquer inovação contra direito, feita ou introduzida por uma das partes, não somente em evidente lesão do direito da outra parte, como também em prejuízo ou modificação da coisa litigiosa.

Atentado à Liberdade. Todo ato de coação ou não, apoiado em lei, que se dirija contra o direito de locomoção de qualquer pessoa. Qualquer ato contrário à liberdade de ir e vir.

Atentado ao Pudor Mediante Fraude. Crime contra a liberdade sexual, que consiste em induzir mulher honesta, mediante fraude, a praticar ou permitir que com ela se pratique ato libidinoso diferente da conjunção carnal.

Atentado Violento ao Pudor. Crime contra a liberdade sexual, consistente em constranger alguém, mediante violência ou grave ameaça, a praticar ou permitir que com ele se pratique ato libidinoso diverso da conjunção carnal.

Atenuantes. Como adjetivo, o termo se aplica a certas circunstâncias que têm força legal para diminuir a penalidade a ser imposta ao réu, pela infração ou prática de delito. Como substantivo, indica as próprias circunstâncias ou razões legais que promovem a diminuição da pena.

Atestado de Óbito. Certificado, declaração escrita e assinada por quem de direito sobre a morte de determinada pessoa.

Atestado Falso. Aquele que foi falsificado no todo ou em parte, ou cujo teor foi alterado com o fim de provar fato ou circunstância que torne alguém apto a obter cargo público, isenção de ônus ou qualquer outra vantagem. É também o atestado emitido por funcionário público competente, mas que apresenta uma declaração falsa, com o objetivo de obter vantagens ilícitas ou simular fato ou estado inexistente.

A Título Gratuito. Termo que caracteriza o contrato feito por mera liberalidade de um dos contratantes, não criando encargos nem impondo ônus para o adquirente de certo bem ou direito.

Atmosfera Territorial. Espaço aéreo situado acima do território de um Estado e de suas respectivas águas territoriais.

Ato Administrativo. Ato emanado de órgão público competente, no exercício regular de suas funções e em razão destas.

Ato Anulável. Ato jurídico praticado por alguém relativamente incapaz ou ato eivado de vício resultante de coação, dolo, erro, fraude ou simulação, fatos estes que o tornam suscetível de ser anulado.

Ato de Autoridade. Ato que apresenta caráter imperativo e emana de pessoa constituída em autoridade e investida de poder público.

Ato de Comércio. Ato praticado por comerciante, no exercício de atividade mercantil, objetivando o lucro.

Ato Constitutivo. Aquele cuja finalidade é a de estabelecer um direito em favor de outrem.

Ato de Crueldade. Aquele que deriva da perversidade ou da tara do criminoso, tornando mais grave o crime e revelando maior grau de periculosidade do agente. Segundo o *Código Penal*, é circunstância agravante do crime.

Ato de Hostilidade. Ato material agressivo, incompatível com as relações pacíficas entre dois Estados e considerado como provocação. Também é o ato unilateral de guerra, o qual provoca, na maioria das vezes, a declaração de guerra por parte da nação hostilizada.

Ato Discricionário. Todo ato que não tem fundamento nem apoio em disposição legal, resultando do mero arbítrio do agente que o pratica com abuso de poder ou de autoridade.

Ato Doloso. Ato praticado com o objetivo de fraudar alguém ou com a intenção de obter objeto ilícito ou proibido por lei. Ato realizado mediante ardil ou artifício com o fim de ludibriar a boa-fé da vítima, prejudicando-a em seus direitos e auferindo vantagens.

Ato Ilícito. Aquele que transgride direitos de outrem ou lhe causa algum prejuízo, mediante ação voluntária, imprudência ou negligência, gerando para o agente a obrigação de reparar o dano causado.

Ato Jurídico. Segundo a lei civil, é todo ato lícito que tenha o objetivo imediato de adquirir, resguardar, transferir, modificar ou extinguir direitos. Ato decorrente da manifestação da vontade, produzindo efeitos jurídicos.

Ato Jurídico Anulável. Ato praticado em desacordo com as formalidades legais, o qual, embora seja ratificável, pode ser anulado por qualquer pessoa que tenha interesse na sua ineficácia.

Ato Jurídico Inexistente. Aparência de ato jurídico, incapaz de gerar efeitos. Quando o objeto do ato é ilícito ou impossível, o ato é nulo. Se o objeto não existir, o ato é inexistente.

Ato Jurídico Nulo. Ato desprovido de requisitos substanciais ou que fere a norma jurídica, apresentando, portanto, ineficácia absoluta.

Ato Lícito. Ato praticado sob o amparo da lei. Qualquer ação permitida pelas normas jurídicas que não fira interesses alheios ou a segurança coletiva. Em caso de alguma violação, o ato deve encontrar apoio na razão de ter sido praticado por se tornar absolutamente necessário para a remoção de um perigo.

Ato Nulo. Ato jurídico praticado por indivíduo absolutamente incapaz. Ato cujo objeto é ilícito ou impossível, ou não está revestido da forma prescrita pela lei, ou despreza alguma solenidade legal essencial para sua validade. Ato que a lei declara taxativamente sem efeito ou ao qual nega efeito. Também é chamado de ato nulo de pleno direito.

Ato Simulado. Ato que aparenta falsa relação jurídica, praticado com a intenção de prejudicar a terceiros ou de violar disposição legal.

Audiência. Ato de receber alguém a fim de escutar ou de atender sobre o que fala ou sobre o que alega. No *Direito Processual*, é a sessão ou o momento em que o magistrado, instalado em sua sala de despachos, atende ou ouve as partes, determinando medidas acerca das questões trazidas a seu conhecimento, ou proferindo decisões acerca das mesmas questões.

Audiência de Instrução e Julgamento. Ato processual público, essencial para o processo, presidido pelo juiz, em que se instrui, discute e decide a causa.

Ausência. A circunstância de alguém se haver afastado de seu domicílio habitual sem deixar representante ou sem dar notícia de seu paradeiro. Desaparecimento prolongado ou definitivo de uma pessoa, gerando efeitos jurídicos.

Autarquia. Pessoa jurídica de direito público interno administrativo. A autarquia tem administração própria, ficando, porém, submetida à legislação da entidade que a criou. Somente pode ser criada por lei, nunca por ato administrativo. Pelo fato de possuir personalidade pública, está imune à tributação.

Autoacusação Falsa. Ato de se acusar, perante a autoridade, de crime inexistente ou cometido por outra pessoa. Constitui crime contra a administração da justiça, sendo punível com detenção ou multa.

Auto de Corpo de Delito. Peça fundamental do processo criminal, em virtude da qual se põe em evidência a natureza e a existência do crime praticado, apurando os vestígios deixados pelo criminoso no local do delito ou na própria vítima.

Autodefesa. Defesa de um direito praticada pelo próprio titular, a fim de evitar sua violação. Ato praticado por alguém para repelir qualquer agressão contra sua pessoa.

Auto de Penhora. Registro feito pelo oficial de justiça de todas as diligências para efetuar a penhora de bens.

Auto de Prisão em Flagrante Delito. Termo lavrado por autoridade competente, relatando as circunstâncias em que se realizou a prisão de pessoa apanhada em flagrante delito.

Autodeterminação dos Povos. No *Direito Internacional*, é o princípio segundo o qual todos os povos têm o direito de estabelecer livremente suas próprias leis e as diretrizes de seu desenvolvimento socioeconômico.

Autoexecutabilidade. Peculiaridade da norma jurídica, cuja eficácia não depende de norma regulamentadora.

Autofalência. Requerimento da própria falência, formulado por devedor comerciante ou também por pessoa física.

Autonomia. Segundo o *Direito Constitucional*, é a prerrogativa de auto-organização e de autoadministração assegurada pela Constituição a determinados órgãos do Estado, nos limites por ela fixados. Em termos gerais, é a faculdade que possui determinada pessoa ou instituição para traçar as normas de sua conduta, sem que sinta imposições restritivas de ordem estranha.

Autor. Inventor ou produtor de alguma coisa, de uma obra artística, científica ou literária. A ele se reservam os direitos de uso e gozo da obra que criou ou inventou. Na linguagem forense, autor é aquele que entra com ação ou demanda em juízo contra quem se julga com o direito para exigir que cumpra a obrigação ou respeite o direito que lhe pertence.

É a parte da relação processual contenciosa que provoca a atividade jurisdicional, mediante propositura de ação.

Autoridade. O poder de comando de uma pessoa, o poder de jurisdição ou o direito que se assegura a outrem para praticar determinados atos relativos a pessoas, coisas ou ações. Designa também a própria pessoa que tem em suas mãos a soma desses poderes ou exerce uma função pública; ou assinala o poder que é conferido a uma pessoa para praticar certos atos de ordem pública ou privada.

Autorização. Permissão ou consentimento expresso concedido a alguém por autoridade judicial ou administrativa, ou por quem de direito, para praticar determinada ação ou certo ato jurídico, segundo as exigências da própria lei.

Autuação. Ato de ordenar as primeiras peças de um processo, pondo-lhe uma capa e lavrando o termo que contém o nome do autor, o do réu, o juízo em que o processo corre, o nome do escrivão e a espécie de ação. Tal ato assinala o início de um processo em determinada instância.

Aval. Garantia de natureza pessoal que um terceiro apresenta para o pagamento de título de crédito.

Aval em Branco. Espécie de aval que não indica a pessoa a quem garante, constando apenas a assinatura do avalista e considerando-se prestado ao sacador ou emitente do título.

Aval em Preto. Espécie de aval em que se indica a pessoa em favor da qual é dado.

Avaliação. Para o *Direito Processual Civil* é o ato pelo qual os peritos, nomeados judicialmente, calculam ou determinam o valor em dinheiro dos bens submetidos à sua apreciação. O *Código de Processo Civil* restringe tal ato aos bens penhorados e aos objetos de inventário.

Averbação. Ato pelo qual se anota, em termo de qualquer ato oficial ou em documento já lavrado anteriormente, um fato que altera, modifica ou amplia o conteúdo do referido termo ou documento.

Aviamento. No *Direito Comercial*, designa a eficiência do comerciante no atendimento ao freguês ou cliente.

Aviso de Extravio de Título. Notificação ou ciência dada pelo portador de um título, isto é, letra de câmbio, nota promissória, cheque ou duplicata, ao sacado, aceitante ou emitente dele e a todos os demais coobrigados, ou seja, avalistas e endossantes, logo que o fato do extravio chega a seu conhecimento, a fim de que se garanta em seus direitos e ponha de sobreaviso os notificados para que não o paguem.

Aviso de Férias. Para o *Direito do Trabalho* é a comunicação apresentada por escrito pelo empregador ao empregado, avisando a data e o período em que este entrará em gozo de férias.

Aviso Prévio. Segundo o *Direito do Trabalho*, é o comunicado que um dos contratantes apresenta ao outro, sem justa causa, no contrato por prazo indeterminado, de que este deixará de vigorar após determinado período, contado a partir da comunicação.

Aviventação de Rumos Apagados. No *Direito Civil*, é o restabelecimento de rumos ou de marcos feitos para assinalar os limites entre duas propriedades ou dois imóveis confinantes.

Avocar. Ação pela qual a autoridade judiciária ou administrativa superior determina à inferior que lhe faça subir os autos que deve conhecer. Ato pelo qual um juízo chama a si uma questão que considera de sua competência, com o intento de examiná-la e julgá-la.

Avocatória. Ato pelo qual uma autoridade de grau superior chama para seu juízo ou jurisdição uma causa que está em curso em juízo ou instância inferior.

Avulsão. Modo de aquisição de propriedade imóvel pela superposição ou adjunção de uma porção de terra, arrancada de seu lugar primitivo por força natural violenta. Em geral, ocorre às margens dos rios por ocasião de enxurradas ou grandes enchentes. O primeiro dono tem o direito de reclamar a porção arrancada à sua propriedade, mas cabe ao segundo concordar que se remova a parte acrescida ou indenizar o reclamante.

Bacharel em Direito. Título que recebe uma pessoa que fez regularmente o Curso de Direito ou de Ciências Jurídicas e Sociais e nele foi aprovado. Para poder exercer a advocacia, o bacharel deve atender aos requisitos exigidos pelo Estatuto da Ordem dos Advogados do Brasil. O *Código de Processo Civil* exige que a parte, em juízo, deve estar representada por advogado legalmente habilitado.

Baixa dos Autos. Volta dos autos processuais ao juízo de instância inferior, a fim de que se cumpra a decisão proferida no juízo de instância superior.

Balança de Pagamentos. Confronto da totalidade de créditos e débitos da economia de um país em relação aos países estrangeiros, ou seja, a soma de pagamentos efetuados no estrangeiro em comparação com a soma de recebimentos vindos do estrangeiro. Abrange as compras e vendas de mercadorias, as remessas feitas para o estrangeiro, as recebidas de fora e as inversões de capitais.

Bancarrota. No *Direito Falimentar*, é a insolvência fraudulenta de um empresário, ao contrário da falência propriamente dita, a qual nem sempre é provocada por má-fé.

Bando. Quadrilha. Agrupamento ou associação de mais de três pessoas, com o objetivo de praticar algum crime, fato que tipifica o crime contra a paz pública.

Banimento. Desterro. É a pena imposta a alguém, obrigando-o a sair do território do Estado em que se encontra, com a proibição de voltar a ele enquanto durar esta pena.

Beca. Veste preta usada pelos juízes, membros de um tribunal, representantes do ministério público, e advogados, no exercício de suas funções, principalmente nas sessões do Tribunal do Júri e Tribunais de Justiça. Sinônimo de toga.

Bem de Família. Propriedade destinada pelo chefe de família para nela ser estabelecido o domicílio conjugal, com a cláusula ou o benefício de ficar isenta de qualquer execução por dívidas posteriores à sua instituição.

Bem Vago. Diz-se de qualquer bem que foi encontrado e cujo senhor ou dono é ignorado, não sendo, portanto, reclamado por este.

Benefício da Cessão. Direito atribuído ao credor cessionário de sub-rogar-se nos direitos do devedor que tenha crédito junto a terceiros, a fim de agir contra estes.

Benefício da Divisão. Direito conferido a cada um dos fiadores de um débito a saldar apenas a sua cotaparte neste, ficando liberado do pagamento da totalidade da dívida.

Benefício da Gratuidade. Direito que assiste a quem não possua recursos financeiros para obter a assistência jurídica do Estado, sem arcar com os ônus processuais correspondentes.

Benefício da Massa. Direito que assiste aos credores na falência ou no processo de insolvência civil de reivindicarem o retorno à massa dos bens do devedor que tenham sido desviados, fraudulentamente ou não, em detrimento daqueles. Na falência, o benefício da massa se expressa nos termos da ação revocatória falimentar.

Benefício da Remição. Direito conferido ao devedor de liberar bens submetidos à execução.

Benefício da Servidão. Prerrogativa que se assegura aos adquirentes de um prédio dominante em manter a servidão instituída anteriormente.

Benefício de Execução. Direito conferido ao sócio de pleitear que sejam primeiro demandados os bens da sociedade da qual ele faz parte.

Benefício de Ordem. Prerrogativa legal conferida ao fiador demandado para exigir, até a contestação da lide, que sejam executados inicialmente os bens do devedor principal. Também chamado de benefício de excussão.

Benefício de Sub-rogação. Direito que assiste ao fiador de sub-rogar-se nos direitos do credor, desde que pague o débito afiançado.

Benfeitorias. Obras ou despesas realizadas num bem móvel ou imóvel, com a intenção de conservá-lo, melhorá-lo ou embelezá-lo.

Bens Acessórios. São aqueles cuja existência supõe a do principal. Os frutos, por exemplo, são acessórios das árvores.

Bens Corpóreos. Bens materiais que possuem existência real e concreta, são perceptíveis pelos sentidos e podem ser objeto de apropriação.

Bens da União. Bens legalmente pertencentes à União ou por ela adquiridos, seja *inter vivos* ou *mortis causa*, que compõem o patrimônio nacional.

Bens Fora do Comércio. Bens que são inapropriáveis por natureza ou inalienáveis legalmente como, por exemplo, o ar, a luz, as águas do mar, os logradouros públicos.

Bens Fungíveis. Coisas móveis que podem ser substituídas por outras da mesma espécie, qualidade e quantidade como, por exemplo, o dinheiro.

Bens Imóveis. Aqueles que, por natureza ou por destino, não podem ser removidos de um lugar para outro sem perda de sua forma ou substância.

Bens Impenhoráveis. Bens declarados por lei como isentos de penhora em execuções judiciais.

Bens Incomunicáveis. Bens pertencentes a um dos cônjuges e que, no casamento, são excluídos do regime de comunhão universal, mantendo-se no domínio particular de um dos consortes.

Bens Incorpóreos. Bens que não têm corpo, não têm existência concreta e palpável, mas abstrata, imaterial.

Bens Indivisíveis. Bens que não podem ser divididos ou partidos sem que ocorra alteração na sua substância, ou os bens que, embora naturalmente divisíveis, são considerados indivisíveis por lei ou por vontade das partes.

Bens Infungíveis. Bens insubstituíveis por quaisquer outros da mesma espécie como, por exemplo, uma tela de pintor famoso, um objeto de valor arqueológico, visto que cada um deles possui seus elementos diferenciais.

Bens Móveis. Bens que têm existência material, concreta ou corpórea e se movem por si mesmos ou são deslocados por força estranha, sem qualquer destruição ou modificação de sua substância ou natureza.

Bens Onerados. Bens que se encontram gravados de qualquer ônus, seja penhor, hipoteca, anticrese, servidão ou qualquer outra cláusula restritiva ao seu pleno uso.

Bens Parafernais. Bens que a mulher leva para o casamento, que não são incluídos no dote, sendo por ela administrados. São bens incomunicáveis.

Bens Patrimoniais. A soma de todos os bens integrados no patrimônio de uma pessoa física, jurídica, privada ou pública.

Bens Públicos. Aqueles que integram o patrimônio nacional, estando sob o domínio da União, dos Estados ou dos Municípios.

Bens Vacantes. Bens deixados por pessoa que faleceu sem que existam herdeiros com direito a eles, ou que se caracterizam pelo não comparecimento ou não conhecimento da identidade dos herdeiros.

Bens Vagos. Coisas achadas sem dono ou proprietário certo e sabido.

Bicameralismo. Sistema constitucional em que o Poder Legislativo ou o Parlamento se compõe de duas casas. No Brasil, o Poder Legislativo é composto pelo Senado Federal e Câmara dos Deputados.

Bigamia. Crime praticado contra a família quando alguém, sendo casado, contrai um novo matrimônio.

Biopiratearia. Prática de levar para outros países, irregular e clandestinamente, exemplares de animais ou plantas, para usos medicinais.

Bis in Idem. Locução latina que indica a incidência de um novo tributo, com nome diferente, emanado da mesma autoridade, sobre objeto já tributado.

Bitributação. No *Direito Constitucional*, é a imposição indevida, por autoridades diferentes, do pagamento de um tributo relativo ao mesmo fato gerador.

Boa-Fé. A intenção pura, isenta de dolo ou engano, a convicção de alguém que, ao realizar um negócio ou ao executar ou omitir um ato, acredita estar agindo de acordo com a lei.

Boicotagem. Ato pelo qual alguém procura criar obstáculos ou impedir que outra pessoa exerça livremente seu comércio ou sua indústria.

Bônus. Título ou documento passado por alguém, no qual assume o compromisso de pagar, em dinheiro ou em mercadorias, à pessoa a quem foi dado, o valor ali declarado.

Borrador. Livro comercial destinado a receber, em forma de rascunho, os lançamentos que posteriormente serão escriturados no Diário.

Brasileiro Nato. Aquele que nasceu no Brasil, mesmo de pais estrangeiros, desde que estes não estivessem aqui a serviço de seu país. Também aquele que não nasceu no país mas descende de pai brasileiro ou não, a serviço do Brasil no estrangeiro; ou mesmo aquele que, não estando os pais nestas condições, embora nascido no estrangeiro, foi registrado em repartição competente ou optou pela nacionalidade brasileira quando atingiu a maioridade.

Brasileiro Naturalizado. A pessoa que adquiriu a nacionalidade brasileira mediante manifestação de sua vontade neste sentido, desde que atenda os respectivos requisitos legais.

Brocardo Jurídico. Espécie de princípio geral do direito. Denominação dada aos adágios ou aforismos jurídicos.

Busca e Apreensão. No *Direito Processual Civil*, é um procedimento cautelar específico, uma diligência policial ou judicial, com o objetivo de procurar e, em seguida, prender uma pessoa ou pegar algum objeto. Para o *Direito Processual Penal* é um meio de prova consistente na apreensão de pessoas ou objetos que podem contribuir para elucidar um crime.

Buscando. Aquilo que se busca, que se visa, que se procura. Juridicamente, acusado ou condenado que está sendo procurado pela polícia por ordem da justiça.

C

Cabeça-de-Casal. Cônjuge sobrevivente que, por investidura judicial, é nomeado como inventariante dos bens deixados pelo cônjuge falecido.

Cabecel. Foreiro escolhido pelo senhorio direto ou pelos demais foreiros para responder pela cobrança do foro, representando todos perante aquele.

Cabotagem. No *Direito Comercial Marítimo*, indica a navegação feita entre os portos de um mesmo país, e também entre estes e outras costas vizinhas, segundo determinação das legislações vigentes, que estabelecem os seus limites. Segundo o nosso Direito, entende-se por cabotagem somente a navegação que se faz entre portos nacionais.

Caducidade. Estado a que chega todo ato jurídico tornado ineficaz em consequência de evento surgido posteriormente. Extinção de um direito, em face da inércia ou renúncia por parte de seu titular.

Calamidade. Todo evento infeliz ou desgraça que transforme a vida normal de uma região, cidade ou vila, de tal forma que os poderes públicos se veem na contingência de tomar medidas urgentes para assegurar o sossego e a proteção dos habitantes atingidos.

Calúnia. Crime contra a honra, o qual consiste em atribuir falsamente a alguém determinado fato que é definido pela lei como crime.

Câmara. Denominação do conjunto de juízes que constituem cada turma de um tribunal, aos quais assiste a competência determinada pela lei de organização judiciária do local. Divisão de um tribunal judiciário para julgar questões de determinada natureza. É também o recinto onde se instala uma assembleia legislativa ou deliberativa.

Cambial. Expressão comum para designar a nota promissória e a letra de câmbio.

Câmbio Negro. Comércio ilegal de moeda estrangeira, também denominado câmbio paralelo, em oposição ao câmbio oficial.

Cancelamento. Ato de extinguir os efeitos jurídicos de um documento, instrumento, registro, averbação, disposição de vontade, utilizando-se os meios apropriados. Baixa inserida num registro público. Ato de tornar algo sem efeito.

Capacidade de Direito. Prerrogativa da pessoa de ser titular de direitos. Não deve ser confundida com a capacidade de exercício de fato, que é a aptidão natural de assumir pessoalmente todos os direitos.

Capital. No *Direito Civil*, é a soma em dinheiro ou determinada quantidade de bens fungíveis que forma o principal de uma dívida, em oposição aos juros que esta pode gerar. Para a Economia Política é o conjunto das riquezas adquiridas mediante a produção. Segundo o *Direito Comercial*, constitui a soma em dinheiro ou o conjunto de bens com que alguém inicia oficialmente um comércio ou a soma das cotas com que cada sócio contribui para a formação do patrimônio que garantirá os negócios da sociedade.

Capitis Diminutio. No *Direito Romano*, significava a diminuição da capacidade. Atualmente esta expressão jurídica significa a diminuição ou a perda de autoridade, em geral humilhante ou vexatória.

Capturando. Em linguagem jurídica, aquele que deve ser ou está para ser capturado pelas autoridades policiais.

Cárcere Privado. Crime contra a pessoa, resultante do ato de tolher indevidamente a liberdade de alguém. É um constrangimento ilegal, em que se impede que a vítima tenha liberdade de se locomover a seu bel-prazer.

Carência. Período estabelecido por lei ou por contrato, durante o qual fica suspenso o exercício de um direito antes de sua fruição definitiva.

Cargo Público. Aquele criado por lei, em número certo, com denominação própria e pago pela Fazenda Pública. Pode ser cargo de carreira, isto é, o que se integra em classes e corresponde a uma profissão, ou cargo isolado, a saber, aquele que não pode se integrar em classes e corresponde a uma função certa e determinada.

Carta de Adjudicação. Instrumento passado ao adjudicatário, seja de imóvel, seja de rendimentos, que lhe confere a propriedade dos bens penhorados.

Carta de Arrematação. Documento judicial que outorga a terceiro a propriedade do imóvel adquirido em leilão público, mediante pagamento à vista.

Carta de Ordem. No *Direito Processual*, é aquela pela qual um juiz determina a outro, de categoria inferior, a realização de uma diligência na circunscrição territorial deste, fixando-lhe prazo para a tarefa.

Carta de Ratificação. Ato pelo qual um Chefe de Estado aprova, confirma e promulga uma convenção ou um tratado firmado por seu representante com outro Estado ou Estados reunidos em assembleia internacional legislativa.

Carta de Sentença. Documento judicial formado de autos especiais extraídos do processo para promover a execução provisória da sentença, quando esta, por motivos imperiosos, não pode ser executada nos autos originais ou suplementares.

Carta Precatória. Ato processual utilizado por um juiz para solicitar de outro, sediado em comarca diferente, a realização de diligências pertinentes a um caso que esteja apreciando.

Carta Rogatória. Ato processual pelo qual um juiz de determinado país solicita a juiz de outro que sejam cumpridas, no território deste, certas providências judiciais.

Carta Testemunhável. No *Direito Processual Penal*, é um expediente judicial que tem por finalidade tornar efetivos os recursos denegatórios, ou o respectivo seguimento, quando admitidos, caso seja obstruída a sua apresentação à instância superior.

Cartel. Organização de ordem comercial, cujo objetivo é restringir ou combater a concorrência, da maneira mais proveitosa e durável para todos os que dela participam.

Cartório. Na terminologia forense, significa toda espécie de ofício ou escrivania judicial, compreendendo os tabelionatos, os registros e demais ofícios de serventia pública.

Casa da Moeda. O estabelecimento onde, por conta do governo ou nação, são cunhadas as moedas e impressos os papéis-moedas.

Casa de Correção. Estabelecimento público mantido com a finalidade de recolher menores abandonados, órfãos e também menores que tenham infringido ou violado alguma lei penal.

Casa de Custódia. Estabelecimento de natureza presidiária onde são internados, por medida de segurança, os anormais psíquicos ou psicopatas que cometeram algum delito e onde recebem tratamento médico, sendo reeducados para a vida social.

Casa de Detenção. Estabelecimento oficial onde ficam encarcerados os réus que aguardam julgamento.

Casamento. Contrato solene que gera a sociedade conjugal ou forma a união legítima entre um homem e uma mulher, estabelecendo os deveres e as obrigações recíprocas atribuídas a cada um dos cônjuges.

Casamento Anulável. Diz-se que o casamento é anulável quando, em desconsideração a preceitos legais, não foram atendidas certas formalidades indispensáveis à sua validade, ou quando ocorrem vícios que lhe retiram a eficácia. Se forem removidos os vícios, o casamento pode recobrar sua validade jurídica.

Casamento Nulo. Celebrado com omissão de regras e formalidades essenciais, não produz nenhum efeito jurídico. O vício do casamento nulo é irremediável, quer dizer, não pode nem ser suprido nem ser sanado, salvo o da incompetência da autoridade. Todavia, a nulidade do casamento deve sempre ser decretada judicialmente.

Casamento Nuncupativo. É aquele que, se houver motivo urgente que justifique sua imediata celebração ou se um dos contraentes correr iminente risco de vida, é celebrado sem a presença da autoridade a quem incumbe presidir o ato ou a de seu substituto, mas na de seis testemunhas que não tenham com os nubentes nem parentesco em linha reta nem na linha colateral em segundo grau.

Casamento Putativo. Casamento anulável pelo fato de os nubentes o terem contraído sem saber, ou um deles ou ambos, da existência de impedimento legal para a sua celebração. Entretanto, é considerado válido para todos os efeitos civis.

Casamento Religioso de Efeitos Civis. Aquele celebrado por autoridade religiosa competente, equivalendo ao casamento civil se forem observados os impedimentos e as prescrições legais e se o celebrante ou qualquer interessado assim o requererem, devendo, no entanto, o ato ser inscrito no registro público.

Caso Fortuito. Acontecimento imprevisível, resultante de uma força que não se pode evitar, que produz efeitos jurídicos.

Caso Julgado. O caso que já foi objeto de processo, de cuja decisão não cabe mais recurso.

Caso Omisso. Caso não previsto na lei, o qual deve ser julgado segundo a analogia, os costumes e os princípios gerais do direito.

Caso *Sub Judice*. Matéria que está pendente de julgamento. Matéria controvertida que foi submetida à apreciação da autoridade judiciária.

Cassação. Anulação ou retirada de autorização ou licença anterior, cancelamento da permissão anterior.

Castigo Imoderado. Aquele aplicado arbitrariamente, sem moderação, em excesso, sem motivos correspondentes ao grau dele. Uso abusivo do poder disciplinar. Imposição de pena com abuso de correção.

Caução. Garantia ou segurança do cumprimento de uma obrigação, que consiste na apresentação, em juízo, de bens suficientes ou na nomeação de fiador idôneo.

Caução de *Damno Infecto*. Garantia de reparação de danos eventuais que o proprietário de um imóvel se compromete a dar a seus vizinhos, na ocasião em que praticar atos que possam pôr em risco a segurança pessoal destes ou de suas propriedades.

Caução em Locação de Imóvel. Modalidade de garantia locatícia conferida ao locador em face da eventualidade de o inquilino descumprir o contrato. Pode ser dada em bens móveis ou imóveis ou em dinheiro.

Causa. Em sentido amplo, significa o princípio, a origem, a fonte de algo; a razão, a força criadora ou determinante de um fato. Para o *Direito Civil* abrange tudo que é capaz de criar uma relação jurídica. No *Código de Processo*, o termo é usado como sinônimo de ação, demanda, lide, litígio, pleito, processo.

Causa de Valor Inestimável. Aquela que, apresentando um valor essencialmente moral, não pode ser apreciada ou calculada em moeda. Exemplos: as causas relativas ao estado das pessoas, à anulação do casamento, à interdição.

Causa Dirimente da Responsabilidade Criminal. Elemento relacionado com o agente do crime, eximindo-o da responsabilidade do ato ou omissão delituosa, segundo dispositivos da lei penal. Dentre tais causas citadas pelo *Código Penal* destacam-se: o desenvolvimento psicológico ou intelectual incompleto ou retardado da pessoa, a menoridade penal, a doença mental e a embriaguez completa e fortuita.

Causa Ilícita. Aquela contrária à lei ou aos bons costumes ou à ordem pública e que arrasta, como consequência a nulidade do ato cuja formação determinou.

Causa Lícita. O mesmo que justa causa, isto é, aquela que é permitida ou não defesa por lei.

Cédula de Crédito Industrial. Título de crédito constituído de uma promessa de pagamento em dinheiro, com garantia real, destinada ao financiamento concedido por instituições financeiras a pessoa física ou jurídica que se dedique à atividade industrial.

Cerceamento de Defesa. Obstáculo oposto à parte, sem qualquer justificativa, pelo juiz ou por qualquer outra autoridade, para dificultar sua defesa.

Certeza. Conhecimento exato de algo. Convicção que alguém possui em relação ao fato ou à ideia, inconfundível quanto à qualidade da coisa. Consciência da realidade, veracidade ou autenticidade de uma coisa ou de um fato.

Certidão. Cópia escrita e autenticada, feita por escrivão ou oficial do registro público, de peças de autos, instrumentos, documentos e atos escritos congêneres, constantes de suas notas e em razão de seu ofício.

Certidão da Dívida. Instrumento utilizado pela repartição competente para certificar a existência de dívida fiscal regularmente inscrita em livro próprio.

Cessação de Instância. Encerramento da lide em face de transação ou desistência homologada em juízo.

Cessão. Contrato oneroso ou gratuito pelo qual o cedente transfere a outrem bens, créditos ou direitos que lhe pertencem.

Cessionário. Pessoa a quem se transfere um direito ou obrigação por meio de cessão. Pessoa a quem se faz uma cessão.

Chamamento ao Processo. Meio processual utilizado para fazer com que devedores ou fiadores não acionados na inicial respondam judicialmente pelo débito.

Chancela. Sinal gravado, representando uma assinatura oficial ou o título de uma repartição pública, usado para autenticar documentos ou atos. Selo especial utilizado em certos documentos oficiais.

Chantagem. Crime caracterizado pela extorsão de dinheiro ou de favores de alguém, com ameaças de revelar segredo seu ou mesmo de fazer revelações falsas a respeito de sua pessoa, provocando escândalos e manchando a honra ou a reputação da vítima.

Charlatanismo. Segundo o *Código Penal*, é crime praticado contra a saúde pública, mediante o anúncio de cura por meio secreto e infalível.

Chefe de Estado. Pessoa investida de autoridade e posta à testa do Poder Executivo de um Estado, segundo princípios instituídos na Constituição, competindo-lhe dirigir, governar e representar seu país nas múltiplas e complexas relações de ordem interna e externa.

Chefe de Família. Cabeça ou dirigente de uma família ou sociedade conjugal, cabendo-lhe sua representação legal, a administração dos bens comuns e a dos bens dos filhos menores, bem como a obrigação de prover a sua manutenção e educação.

Chicana. Ato pelo qual o advogado usa meios inescrupulosos e condenáveis para prejudicar a parte contrária no processo, dificultando a ação, criando embaraços, montando ardis, tais como a retenção dos autos, a interposição de recursos protelatórios, a contestação capciosa, o abuso de direito e as citações falsas de leis ou autores.

Cidadania. No *Direito Constitucional*, é o vínculo político que liga o indivíduo ao Estado e lhe atribui direitos e deveres de natureza política.

Circunscrição. Território formado por subdivisão do Estado, cuja extensão delimita a existência de certas competências ou o cumprimento de certas operações eleitorais ou administrativas.

Circunstâncias. Situações ou particularidades que envolvem um fato, influenciando na configuração de seu estado ou de seu significado. Elementos acidentais que envolvem o delito, distinguindo-se em circunstâncias agravantes e circunstâncias atenuantes.

Cisão de Sociedades. Reorganização de sociedades na qual uma companhia transfere parcelas de seu patrimônio a outras empresas já existentes ou criadas para tal fim. No caso de haver total transferência do patrimônio, a companhia cindida fica extinta. Se a transferência for parcial, é dividido o seu capital.

Citação. Ato processual utilizado pelo Poder Judiciário para dar ao demandado conhecimento da ação, convocando-o a juízo para se manifestar e participar de todos os atos e termos da demanda.

Cível. Termo utilizado para distinguir as ações que se fundam principalmente no *Direito Civil* e os juízes ou tribunais a quem são confiadas essas causas, em oposição à expressão criminal.

Clandestinidade. Qualidade do ato praticado às ocultas. Em sentido jurídico é vício que afeta o ato ou o fato, por falta de notoriedade ou de publicidade exigida por lei.

Classificação. Ato de determinar a figura jurídica do delito, revelada por seus elementos constitutivos e pelas circunstâncias, a fim de se definir a pena aplicável a seu autor.

Cláusula à Ordem. Cláusula que, ao ser lançada num título de crédito, possibilita a transferência deste ou o seu endosso.

Cláusula *ad Judicia*. Cláusula que, ao constar da procuração, autoriza o advogado a praticar todos os atos do processo, sem necessidade de menção específica de cada um, exceto os casos previstos em lei.

Cláusula *ad Judicia et Extra*. Cláusula que autoriza o advogado a praticar todos os atos relativos à procuração para o foro em geral, mais os atos extrajudiciais de defesa e representação perante pessoas jurídicas de direito público ou privado.

Cláusula CIF. Sigla derivada das palavras inglesas que significam custo, seguro e frete; esta cláusula é utilizada na compra e venda mercantil, pela qual o preço da mercadoria vendida inclui despesas de seguro e frete até o local de destino.

Cláusula Compromissória. Com ela as partes de um contrato se comprometem a submeter à arbitragem os litígios que surgirem em relação a tal contrato. A cláusula deve ser lavrada por escrito no próprio contrato ou em documento que se refira a ele.

Cláusula de Melhor Comprador. Peculiar ao contrato de compra e venda, esta cláusula estipula que o contrato pode ser rescindido pelo vendedor se, no prazo estipulado, aparecer outro comprador oferecendo maior vantagem.

Cláusula FAS. Sigla da norma inglesa que significa: colocado no costado do navio. É cláusula de compra e venda comercial que incorpora ao preço da mercadoria as despesas ocorridas com o seu transporte até o navio, no porto de embarque.

Cláusula FOB. Em inglês significa posto a bordo. A cláusula atribui ao vendedor o encargo de entregar a mercadoria a bordo, pelo preço contratado.

Cláusula Leonina. Atribui a uma das partes vantagens injustificavelmente maiores que as conferidas à outra.

Cláusula Liberatória. Aquela pela qual fica estabelecido que, no caso de sobrevirem determinadas circunstâncias ou eventualidades, uma das partes do contrato fica inteiramente desonerada da responsabilidade ou encargo decorrente de tais fatos.

Cláusula Penal. Disposição aceita pelas partes contratantes, em que se estipula multa ou pena para a parte que retardar ou descumprir a obrigação principal.

Cláusula Pétrea. Dispositivo constitucional imutável, que não pode sofrer revogação. Seu objetivo é o de impedir que surjam inovações temerárias em assuntos cruciais para a cidadania e para o Estado.

Cláusula *Rebus Sic Stantibus*. Mediante esta cláusula, as partes estipulam em contrato que o seu cumprimento fica subordinado à exigência de que, no futuro, não haja nenhuma alteração dos pressupostos e circunstâncias que geraram a convenção.

Cláusula *Redimendi*. No contrato de compra e venda de imóvel, esta cláusula estabelece a retrovenda, pela qual o vendedor garante o seu direito de readquirir, dentro de certo prazo, o bem alienado, mediante a restituição do preço recebido, o ressarcimento das despesas efetuadas pelo comprador originário e o reembolso do valor dos melhoramentos acrescentados ao imóvel.

Coação. Pressão psicológica exercida sobre uma pessoa, a fim de que ela faça ou deixe de fazer algo. Não deve ser confundida com a pressão material, que se denomina constrição física.

Coalizão. No *Direito Político*, é o acordo celebrado entre diversos partidos para se atingir um fim comum. Para o *Direito Penal* significa o crime contra a economia popular que consiste em consórcio, aliança ou fusão de capitais com o objetivo de impedir ou dificultar a concorrência, visando a um aumento arbitrário de lucros.

Coautor. Pessoa que pratica um crime juntamente com outra ou outras. Indivíduo que, de qualquer maneira, contribui para o crime.

Coavalista. Aquele que dá aval junto com outros. Pessoa que avaliza simultânea ou sucessivamente a favor de terceiro.

Cobrança Amigável. A que se executa utilizando os meios normais, isto é, convidando o devedor a quitar seu débito ou a restituir o bem que está em seu poder em decorrência de empréstimo, sem ser necessário recorrer à justiça.

Cobrança Judicial. Cobrança realizada mediante a atuação decisiva do Poder Judiciário, visto que o devedor se recusou a satisfazer seu débito pelos meios usuais.

Codicilo. Declaração feita por escrito, com data e assinatura, contendo a última vontade de uma pessoa capaz de testar e referindo-se a disposições de menor importância.

Código. Conjunto de leis. Agrupamento sistematizado de disposições legais compostas pela autoridade competente, que se referem a um mesmo setor do Direito.

Código de Hamurabi. Segundo a *História do Direito*, é a consolidação das leis babilônicas realizada sob o mando do conhecido monarca Hamurabi, no século 17 a. C. Ficou famosa por difundir a lei do talião, princípio contido na expressão "olho por olho, dente por dente", segundo o qual se aplicava ao infrator um castigo igual ao dano que tivesse causado.

Coerção. Ação de reprimir, refrear. Termo usado para indicar a punição imposta aos delinquentes, como um atributo da Justiça.

Coercibilidade da Norma Jurídica. Qualidade da norma jurídica que, em última instância, autoriza o uso da força física para o seu cumprimento. Por conseguinte, entre outras possibilidades, a norma adverte seus destinatários sobre a prisão civil, a condução forçada de testemunhas e o despejo do imóvel mediante arrombamento.

Coisa Abandonada. Bem material cuja propriedade foi expressamente rejeitada por seu dono. É suscetível de apropriação, gerando forma originária de aquisição.

Coisa Acessória. Aquela cuja existência supõe a de outra coisa, a principal, à qual está subordinada. De modo geral, a coisa acessória segue a principal.

Coisa Comum. Objeto ou bem que não pode ser apropriado individualmente, pois pertence à comunidade, embora possa ser fruído pelo particular, no caso de haver concessão do Poder Público.

Coisa Fungível. Bem ou objeto móvel que pode ser substituído por outro da mesma espécie, quantidade e qualidade.

Coisa Incorpórea. Aquela que não tem existência material e por isso não pode ser apreendida por nossos sentidos, como, por exemplo, os direitos de autor, nomes comerciais, marcas, invenções, segredos industriais.

Coisa Infungível. Aquele bem ou objeto que não pode ser substituído por outro da mesma espécie, quantidade e qualidade.

Coisa Julgada. Também se denomina caso julgado. Ação jurídica definitivamente decidida por apreciação judicial. A sentença constitui coisa julgada entre as partes.

Coisa Julgada Material. Conceito que denomina a imutabilidade da sentença já proferida, não apenas do ponto de vista formal, como efeito da preclusão, mas também da imutabilidade dos efeitos da decisão.

Coisa Litigiosa. Aquela que está pendente de demanda. A que é objeto de contenda judicial.

Colação. Ato pelo qual um herdeiro é obrigado a trazer ou ajuntar à massa comum da herança todo e qualquer bem recebido durante a vida do sucedido, a fim de concorrer à partilha, obtendo-se a igualdade dos quinhões hereditários.

Colateralidade. Grau de parentesco originário de um tronco comum, indicando os parentes que não têm origem em linha reta, seja ascendência, seja descendência, mas em linha lateral ou transversal.

Colégio. Conjunto de pessoas de igual dignidade, incumbidas coletivamente da mesma função. Por exemplo, o colégio judiciário, que é a reunião de diversos juízes, constituídos em tribunal, com a competência que lhes é atribuída por lei. No Brasil, o Supremo Tribunal Federal é o mais alto colégio judiciário.

Colendo. Venerando, respeitável. É o tratamento dispensado aos tribunais de justiça, nos atos forenses.

Coligação. Associação de várias pessoas para atingir um fim comum. Aliança de dois ou mais partidos políticos para conseguir o registro e a eleição de candidatos comuns, em âmbito nacional, estadual ou municipal.

Colusão. Conluio, conivência, acordo secreto firmado entre as partes que fingem demandar ou litigar, com o intuito de enganar o juiz e prejudicar a terceiros.

Comanditário. Sócio que entra apenas com capital numa sociedade em comandita, com a obrigação limitada aos fundos com que participa ou se obriga a aplicar na sociedade, devidamente declarados no contrato.

Comarca. Designa o território, a circunscrição territorial, compreendida pelos limites em que se encerra a jurisdição de um Juiz de Direito.

Comerciante. Segundo o Direito Comercial, designa toda pessoa que, tendo capacidade para exercer a mercancia, faz do comércio, por conta própria, sob seu nome individual ou constituindo firma, sua profissão habitual.

Comércio. Soma de atos mercantis executados com a intenção de mediar, habitualmente e com fito de lucro, a transferência de bens entre o produtor e o consumidor.

Comício. Assembleia popular entre os antigos romanos. Atualmente, designa a reunião pacífica de pessoas, em praça pública, para tratar geralmente de assuntos políticos de interesse coletivo.

Cominar. Impor pena para determinada infração. Ameaçar com pena ou castigo no caso de infração ou falta de cumprimento de contrato, preceito, ordem ou mandato.

Competência Plena. Autoridade conferida ao juiz ou ao tribunal para que possa tomar conhecimento de toda a matéria constante de uma questão, em todos os seus termos e em todos os seus aspectos, desde a propositura da ação até seu julgamento e, depois de passada em julgado a sua decisão, até à execução.

Competência Privativa. A que cabe de forma exclusiva a determinado juiz, ao qual a lei faculta conhecer privativamente das causas de certa natureza, dentro da circunscrição territorial em que exerce sua jurisdição.

Comissão *del Credere*. Cláusula contratual ajustada entre o comitente e o comissário, segundo a qual o comissário assume pessoalmente a responsabilidade pelo pagamento a ser feito pelo comprador, na venda em que atuar como intermediário.

Comissão Mercantil. Remuneração a que tem direito o comissário, em decorrência de seu trabalho em favor do comitente. Não sendo essa comissão ajustada de antemão, deverá ser regulada pelo uso comercial do lugar onde se cumprir o mandato. Se o contrato incluir a cláusula *del credere*, a comissão será aumentada.

Comissário. No *Direito Falimentar*, designa o credor escolhido pelo juiz para administrar a concordata do devedor.

Comissário Mercantil. Auxiliar autônomo do comerciante, que exerce a profissão de intermediar negócios mercantis, agindo por conta do comitente e recebendo uma comissão pelo trabalho.

Comodato. Contrato, a título gratuito, em virtude do qual uma das partes cede por empréstimo à outra parte uma determinada coisa, para que a use pelo tempo e nas condições preestabelecidas.

Comoriência. Morte simultânea de duas ou mais pessoas, sem que, a rigor, se possa determinar qual delas tenha falecido em primeiro lugar.

Compáscuo. Contrato em que vários proprietários de terrenos diferentes estabelecem que os animais de todos poderão pastar em comum nas propriedades de todos. Tem também a denominação de comunhão de pasto.

Compensação. Ação em que se anotam as obrigações devidas reciprocamente por duas pessoas, com a finalidade de avaliar as de uma e de outra, verificando qual delas deve ser compelida a cumpri-las na parte restante, extinguindo-se assim as obrigações recíprocas.

Competência. Capacidade, no sentido de aptidão, pela qual uma pessoa pode exercer ou fruir um direito. Capacidade, no sentido de poder, em virtude do qual a autoridade possui legalmente atribuição para conhecer de certos atos jurídicos e deliberar a seu respeito. Significa também o alcance da jurisdição de um magistrado.

Competência Ordinária. Soma de atribuições normais conferidas ao juiz, pelas quais este pode licitamente conhecer de todas as questões cuja solução está compreendida na sua jurisdição.

Competência Originária. Poder de julgar conferido a um juiz ou tribunal, privativamente, não podendo ser prorrogado nem cometido a outro juiz ou tribunal.

Compra e Venda. Contrato bilateral, consensual e oneroso, cujo objetivo é a transmissão de um direito, mediante o pagamento em dinheiro do preço estipulado.

Compra e Venda com Reserva de Domínio. Contrato de compra e venda em que se transfere de imediato ao comprador a posse do bem, mas a propriedade plena será adquirida somente após ter sido pago ao alienante todo o preço do bem.

Compromisso Arbitral. Acordo mediante o qual as partes submetem à arbitragem de uma ou mais pessoas um litígio que pode ser judicial ou extrajudicial.

Compromisso de Compra e Venda. Contrato em que as partes, denominadas compromitente-vendedor e compromitente-comprador, assumem o compromisso de vender e de adquirir o bem especificado no acordo, estipulando preço, prazos e condições de pagamento.

Comunhão. Indica o estado ou a qualidade de tudo que é comum. Propriedade comum, condomínio.

Comunhão Parcial de Bens. Regime de bens entre os cônjuges, no qual se excluem aqueles que cada qual já possuía antes do casamento.

Comunhão Universal de Bens. Regime de bens entre os cônjuges, em que se estipula a comunicação de todos os bens presentes e futuros do casal, incluindo suas dívidas passivas, com as exceções determinadas por lei.

Comutação. Permuta. Substituição de uma pena por outra mais leve, concedida a critério do Presidente da República, a quem foi apresentado o pedido de graça por quem de direito.

Concentração. No *Direito das Obrigações*, é o ato de escolha feito pelo devedor, dentre as obrigações alternativas, do bem ou da prestação a ser dado ao credor.

Concessão. Licença ou permissão que atribui a uma pessoa o direito ou a faculdade de realizar um ou vários negócios, praticar um ou vários atos, executar um ou mais serviços.

Concessão de Serviço Público. Transferência temporária de certas ocupações privativas do domínio público para agentes particulares. Por exemplo, é privativa da União a autorização ou concessão dos serviços de telecomunicações e dos serviços e instalações de energia elétrica de qualquer origem ou natureza.

Conciliação. O *Direito Processual* assim denomina o ato judicial que consiste em harmonizar formalmente os interesses conflitantes.

Concordata. Acerto amigável ou judicial realizado entre o comerciante e seus credores, pelo qual estes são levados a conceder uma dilatação de prazo para o recebimento de seus créditos, com ou sem redução do montante devido.

Concorrência Desleal. Abuso de direito, caracterizado pela utilização de recursos antiéticos para obter vantagem na competição econômica.

Concorrência Pública. Para o *Direito Administrativo* é a medida administrativa posta em prática pelos poderes públicos, cumprindo imperativo legal, para licitar preços ou procurar a melhor oferta para a realização de um negócio ou a execução de uma obra.

Concubinato. União de fato e permanente, porém ilegítima, entre um homem e uma mulher. É a companhia de cama, sem aprovação legal.

Concurso Formal de Crimes. Ocorrência de dois ou mais crimes ou contravenções idênticas ou não, resultantes de uma só ação ou omissão, ou seja, mediante um só ato.

Concurso Material de Crimes. Ocorrência de dois ou mais crimes, que podem ser idênticos ou não, mas resultam de mais de uma ação ou omissão.

Concussão. Crime praticado contra a Administração Pública que consiste em exigir direta ou indiretamente vantagem indevida, para si ou para outrem, em razão do exercício de uma função ou mesmo antes de assumi-la.

Condenação. Ato de declarar culpado. Em matéria criminal ou penal, a condenação indica a responsabilidade ou a imputabilidade de um delito ou de uma contravenção atribuída a uma pessoa, em virtude do que lhe é imposta uma pena para reparar o mal praticado.

Condescendência Criminosa. Na Administração Pública é o crime em que o funcionário tolerante deixa de responsabilizar um subordinado que comete infração no exercício do cargo ou deixa de levar ao conhecimento da autoridade superior a falta de competência do subalterno.

Condição. Cláusula de livre escolha entre as partes contratantes, pela qual se submete a eficácia do ato jurídico a um acontecimento futuro e aleatório.

Condomínio. Propriedade mantida em comum, de modo que cada proprietário possa usá-la livremente, de acordo com a destinação de tal bem. Também designa o direito que várias pessoas exercem simultaneamente sobre um mesmo objeto, partilhando um quinhão ideal.

Conexão de Causas. Ligação ou relação existente entre duas ou mais ações judiciais que exigem ser decididas por um só julgamento porque lhes é comum o objeto ou a causa de pedir.

Conexão de Crimes. Ocorre quando duas ou mais infrações se acham ligadas por algum nexo ou vínculo que aconselha a junção dos processos, de modo a propiciar ao julgador uma perfeita visão do quadro probatório.

Confirmação da Sentença. Ação pela qual a sentença proferida por um juiz é sustentada e ratificada pelo tribunal que julgou o recurso interposto pela parte interessada.

Confisco de Bens. Ato pelo qual são apreendidos e adjudicados ao fisco, ao Estado, bens pertencentes a outrem, a título de punição, por ato administrativo ou por sentença judiciária, com fundamento na lei.

Confissão. Declaração da verdade feita por quem a pode fazer. Meio de prova judicial ou extrajudicial em que a pessoa revela, expressa ou tacitamente, a ocorrência de fatos cuja apresentação lhe é prejudicial.

Confissão Espontânea. Confissão feita perante a autoridade, por livre iniciativa da parte ou do indigitado criminoso, a qual resulta em circunstância atenuante da pena.

Confissão Ficta. É aquela que, embora não manifestada expressamente, é imaginada, deduzida de algum fato ou do modo de agir do confitente, como, por exemplo, o não comparecimento da parte acusada para depor, aceitando tacitamente os fatos que lhe são imputados.

Conflito de Competência. Divergência suscitada entre duas autoridades administrativas ou judiciais que se consideram igualmente competentes ou não para conhecer de determinada ação ou questão. Também há conflito de competência quando surge entre dois ou mais juízes uma controvérsia acerca da reunião ou separação de processos.

Conflito de Leis. Divergência que surge entre duas ou mais leis no espaço ou no tempo. O conflito é simples quando envolve duas leis materiais no tempo. É duplo quando ocorre entre duas regras de direito intemporal.

Conflito de Jurisdição. Concorrência de dois ou mais órgãos judiciários concernente à decisão de uma lide. Quando tais órgãos invocam sua competência para julgar o caso, diz-se que o conflito é positivo, e quando negam tal competência, diz-se que é conflito negativo.

Congresso Nacional. Órgão formado pela reunião da Câmara dos Deputados e do Senado Federal, constituindo o Poder Legislativo Nacional.

Conhecimento. Ato pelo qual o juiz aceita instaurar o processo de uma causa ou o tribunal confirma a acolhida de recurso, julgando-o cabível e considerando-se competente para apreciá-lo.

Conivência. Cumplicidade que resulta do fato de uma pessoa, conhecedora de um ato delituoso que outra pessoa praticou ou vai praticar, se abster, propositalmente ou não, de denunciar o réu à autoridade competente ou impedir que alguém o faça.

Cônjuge. Denominação de cada uma das pessoas unidas pelos laços do matrimônio. Denominação que se dá aos esposos, ou seja, ao marido e à mulher casados legalmente.

Conselho de Sentença. Órgão integrante do Tribunal do Júri composto por sete jurados, cuja incumbência é apreciar a matéria de fato. O Tribunal do Júri, ou Tribunal Popular, é formado por um juiz de carreira, que, portanto, deve obrigatoriamente ser bacharel em Direito, e por vinte e um jurados ou juízes leigos, sorteados dentre cidadãos do município. Destes vinte e um jurados sairá o Conselho de Sentença, que, a despeito de tal denominação, não tem competência para lavrar a sentença, pois isto é atribuição do Juiz Presidente.

Considerando. Forma utilizada pelo juiz para iniciar as orações em que expõe um a um os argumentos que fundamentam a sentença que profere. Os Considerandos ou *consideranda* formam o conjunto de razões que o juiz apresenta como fundamentos da sentença.

Consignação. Um dos tipos de contrato de comissão mercantil, pelo qual o comitente envia mercadorias ao comissário para que sejam vendidas por conta do primeiro, com a obrigação de pagar seu preço apenas depois da venda, podendo o segundo restituir as não vendidas.

Consolidação. Reunião de leis apresentadas segundo um sistema ou ordem estabelecida por seu autor. Em *Direito Público*, designa a garantia de um empréstimo de receita especial para assegurar o seu pagamento.

Constituição Política. Conjunto de regras e preceitos que se dizem fundamentais, estabelecidos pela soberania de um povo, para servir de base à sua organização política e firmar os direitos e deveres individuais e coletivos.

Constituinte. Termo utilizado para indicar tudo que se constitui, ou a pessoa que constitui, isto é, outorga poderes para alguém tratar de negócio ou de causa. Também designa a pessoa que participa ou participou de um congresso incumbido de elaborar uma nova Constituição.

Contaminação. Ato pelo qual alguém, portador de moléstia grave, procura deliberadamente contagiar outras pessoas. Transmitir doença é crime previsto pelo *Direito Penal*, que lhe comina pena de reclusão e multa.

Contestação. No *Direito Processual Civil*, uma das espécies de resposta do réu, em que este apenas impugna o pedido do autor, formulado na petição inicial. As outras duas espécies de resposta do réu ao pedido do autor são a exceção e a reconvenção.

Continência. Segundo o *Direito Processual Civil*, ocorre a continência entre duas ou mais ações sempre que haja identidade quanto às partes e à causa de pedir, mas o objeto de uma delas, pelo fato de ser mais amplo, abrange, contém o das demais.

Contrabando. Todo comércio feito contrariamente aos preceitos legais instituídos por um país. Importação ou exportação de mercadoria proibida. É crime contra o Estado.

Contradita de Testemunha. Ato pelo qual o procurador da parte contra a qual foi arrolada uma testemunha impugna a nomeação desta, alegando incapacidade, impedimento ou suspeição.

Contrafação. Ato fraudulento pelo qual alguém procura falsificar ou imitar certa coisa, tentando inculcá-la como legítima. Usurpação dolosa, ou seja, ato de apresentar como própria uma obra literária ou artística, ou a marca de fábrica pertencente a outrem.

Contrafé. Termo que indica a cópia de todo o teor do instrumento da citação ou mandado, da notificação ou intimação feita a uma pessoa pelo oficial de justiça.

Contraprestação. Prestação que pode ser exigida do credor pelo devedor, antes que cumpra a sua obrigação.

Contrato. Acordo de vontades firmado entre duas ou mais pessoas, sobre objeto lícito e possível, com o objetivo de adquirir, resguardar, notificar ou extinguir determinados direitos.

Contrato Aleatório. Contrato cuja concretização depende de um acontecimento futuro e incerto, como, por exemplo, o contrato de seguro.

Contrato Benéfico. Contrato em que só uma das partes assume obrigações, enquanto a outra fica dispensada de qualquer contraprestação.

Contrato de Adesão. Contrato cujo teor é arbitrariamente estipulado por uma das partes, devendo a outra parte interessada aceitá-lo sem restrições.

Contrato de Locação de Imóvel. Contrato em que uma das partes, denominada locador, assume o compromisso de ceder à outra parte, denominada locatário, o uso e gozo de um imóvel por tempo determinado e preço certo.

Contrato de Seguro. Contrato pelo qual uma das partes, denominada segurador, se obriga, em decorrência do pagamento de um prêmio, a indenizar a outra, denominada segurada, dos prejuízos resultantes de riscos futuros, devidamente previstos no contrato.

Contrato Individual de Trabalho. Contrato pelo qual uma pessoa, o empregado, se obriga a prestar à outra, o empregador, trabalho pessoal de natureza não eventual, mediante a percepção de um salário ajustado.

Contrato Inominado. Contrato que, embora não esteja proibido pela lei, também não é nominado, ou seja, especificado e disciplinado formalmente pelo direito positivo.

Contrato Judicial. Transação ou acordo firmado perante o juiz, durante o curso da lide, ou perante o juízo arbitral, em virtude do qual se põe fim ao litígio ou à dissidência havida entre as partes.

Contrato Leonino. Contrato que abusivamente garante vantagens a uma das partes, em prejuízo da outra.

Contrato Preliminar. Contrato pelo qual as partes se comprometem a firmar um novo contrato, que será considerado principal.

Contrato Principal. Contrato que possui existência própria, não dependendo de qualquer outro contrato ou convenção.

Contrato Sinalagmático. Denominação que se atribui ao contrato bilateral, onde as partes assumem obrigações recíprocas.

Contrato Social. Conjunto de disposições orgânicas que se referem à estruturação e aos direitos e deveres das partes integrantes de uma sociedade civil, comercial ou de natureza econômica, que são registradas no órgão competente.

Contravenção Penal. Transgressão, infração, ato ilícito menos importante que o crime, e que só acarreta a seu autor a pena de multa ou prisão simples.

Contribuição Sindical. Contribuição compulsória paga por empregadores e empregados, destinada ao custeio de despesas havidas pelos respectivos sindicatos. No caso do trabalhador, a contribuição corresponde a um dia de salário por ano. No caso do empregador, as quantias são variáveis, porque proporcionais ao capital da empresa.

Controle da Constitucionalidade das Leis. Consiste na aferição, executada pelo órgão competente, da adequação de uma lei à Constituição Federal. No Brasil, tal controle se acha a cargo do Poder Judiciário, mas a suspensão da eficácia de uma norma anticonstitucional está a cargo do Senado Federal.

Contumácia. Obstinação de alguém em não comparecer a juízo, quando a isso é obrigado ou nisso tem interesse, demonstrando desobediência deliberada.

Convalidação. Correção de um ato jurídico eivado de vício, tornando-o válido e perfeito. Ação pela qual um ato jurídico, viciado por falta de cumprimento integral de um requisito legal, se torna válido e perfeito por força de lei posterior que não mais exige a observância de tal requisito.

Convenção Coletiva de Trabalho. Acordo normativo intersindical celebrado entre categorias de empregados e empregadores, como resultado de negociações prévias.

Convênio. No *Direito Administrativo*, é o contrato celebrado entre pessoas jurídicas de direito público, visando a uma prestação de serviços de interesse mútuo.

Conversão. Transformação, mudança na forma ou no estado de um ato, direito ou objeto. No *Direito Financeiro*, designa a operação que converte o papel-moeda em seu equivalente metálico. Para o *Direito Comercial*, designa a mudança de uma obrigação em outra de natureza diversa. O *Direito Cambial* utiliza o termo para significar a operação financeira pela qual se calcula o equivalente de determinada importância em moeda estrangeira. Segundo o *Direito Judicial*, é a mudança de um ato do processo em outro, em virtude de determinação da autoridade competente. E no *Direito Penal*, significa a substituição de uma pena pecuniária por outra de natureza punitiva.

Convicção. Certeza decorrente da apreciação das provas apresentadas pelas partes. Persuasão do juiz quanto à existência ou não do direito invocado pelo autor e da culpa ou inocência do réu.

Conviventes. Denominação dada ao homem e à mulher que mantêm convívio duradouro, público e contínuo, ensejando o reconhecimento como entidade familiar.

Cooperativa. Organização ou sociedade civil em que os filiados assumem a obrigação recíproca de contribuir com bens ou serviços para o exercício de uma atividade econômica, de proveito comum, sem objetivo de lucro.

Corpo de Delito. Ato judicial que demonstra ou comprova a existência de fato ou ato imputado criminoso. Registro do conjunto de elementos materiais, com todas as suas circunstâncias, que resultaram da prática de um crime.

Corregedor. Magistrado cuja função é a de emendar e corrigir os abusos e erros das autoridades judiciárias e dos funcionários da Justiça, decretando a responsabilidade dos culpados e impondo as penas devidas.

Corretor. Segundo o *Direito Comercial*, é o agente auxiliar do comércio, cuja atividade consiste em agenciar a realização de negócios comerciais alheios.

Corrupção Ativa. Crime que consiste em oferecer ou prometer a funcionário público alguma vantagem indevida, com o intuito de induzi-lo a praticar, omitir ou retardar ato de ofício.

Corrupção de Menores. Crime contra os costumes consistente em praticar ato de libidinagem com pessoa menor de dezoito anos e maior de catorze, ou em induzir este menor a praticar tal ato ou presenciá-lo.

Corrupção de Preposto. Crime contra a propriedade imaterial, qualificado como delito de concorrência desleal que consiste em dar ou prometer dinheiro ou outro bem a empregado de concorrente para que falte ao dever do emprego e proporcione ao proponente alguma vantagem indevida.

Corrupção Passiva. Crime contra a Administração Pública que consiste no fato de um funcionário público solicitar ou receber, para si ou para outrem, direta ou indiretamente, ainda que fora da função ou antes de assumi-la, mas em razão dela, vantagem indevida, ou aceitar promessa de tal vantagem.

Cosseguro. Seguro distribuído entre várias companhias seguradoras, cada uma das quais assumindo parte dos riscos, de acordo com as condições constantes na respectiva apólice.

Costume. Designa tudo o que se estabelece por força do hábito ou do uso. Aplica-se mais especialmente ao procedimento particular das pessoas. Mas designa também o modo de proceder reiterado de uma comunidade, em determinadas circunstâncias, e tido por esta como obrigatório.

Costume Jurídico. Princípio ou regra não escrita que se introduziu pelo uso, com o consentimento tácito de todas as pessoas que admitem a sua força como norma a seguir na prática de determinados atos.

Covardia. Fraqueza de ânimo, receio, medo manifestado diante do inimigo ou em ocasiões em que é preciso revelar as qualidades viris de um soldado. O ato de covardia cometido por militar infringe diretamente a fé e a palavra de seu compromisso funcional e está sujeito a penas que variam de acordo com sua gravidade.

Credencial. Poder ou autorização dada por alguém a uma outra pessoa, a fim de que possa tratar de certos negócios próprios do credenciante ou de instituição que representa.

Credor. Titular do direito de exigir o pagamento de uma dívida. Portador de um título de crédito.

Credor Anticrético. Pessoa a quem o devedor entregou um imóvel de sua propriedade, cedendo a ela o direito de receber, em compensação da dívida, os frutos e rendimentos desse imóvel.

Credor Preferencial. Em caso de falência de uma empresa, é o credor desta quem tem direito a ser ressarcido com precedência aos demais credores.

Cremação. Ato de queimar, incinerar um cadáver em fornos apropriados para esse fim.

Crime. Toda ação cometida com dolo, ou infração contrária aos costumes, à moral e à lei, que é igualmente punida, ou que é reprovada pela consciência. Ato ou omissão ilícita, culpável, qualificada em norma penal, que ofende algum valor social preponderante.

Crime a Distância. Crime em que a ação é praticada num lugar, mas o resultado ocorre em outro. Um exemplo é o envio de uma carta-bomba.

Crime Comissivo. Delito cuja característica implica uma ação, quer dizer, uma participação positiva do agente.

Crime Comum. Crime em que o sujeito ativo pode ser qualquer pessoa penalmente responsável.

Crime Continuado. Crime que, embora seja constituído de mais de uma ação ou omissão, se mostra resultante de uma só intenção. Crime em que o agente, mediante mais de uma ação ou omissão, pratica dois ou mais crimes da mesma espécie e, pelas condições de tempo, lugar, maneira de execução e outras semelhantes, devem os subsequentes ser considerados como continuação do primeiro.

Crime Culposo. Crime que teve como causa a imprudência, a negligência ou a imperícia do agente, se prevista e punida pela lei penal.

Crime de Responsabilidade. O crime cometido por funcionário público, com abuso de poder ou violação de dever inerente a seu cargo, emprego ou função.

Crime Doloso. Crime em que o indivíduo pratica uma ação, ou se omite, com o firme propósito de produzir o fato delituoso, assumindo os riscos. No crime doloso, tanto a ação quanto o resultado são voluntários.

Crime Especial. Designado também como crime próprio, é aquele em que o sujeito ativo só pode ser o indivíduo cuja condição pessoal constitui fundamento do delito.

Crime Exaurido. Aquele em que o agente alcança o seu objetivo. É também chamado crime consumado.

Crime Habitual. Crime cuja característica é a prática de atos reiterados idênticos, que perdem a individualidade para formar um todo ilícito.

Crime Hediondo. Aquele que, por sua gravidade, não dá direito a anistia, graça, indulto, fiança e liberdade provisória, sendo a pena cumprida integralmente em regime fechado.

Crime Passional. Aquele cometido sob o impulso de uma paixão violenta e irreprimível. Crime praticado em estado de emoção impetuosa.

Crime Permanente. Crime cuja consumação se prolonga no tempo, dependendo sua duração da vontade do sujeito ativo.

Crime Putativo. É o que consiste na prática de um fato reputado criminoso pelo agente, e que juridicamente não é.

Culpa. Falta cometida contra o dever, por ação ou por omissão, proveniente de ignorância ou de negligência. Ela pode ser ou não maliciosa, voluntária ou involuntária

Culpa Aquiliana. Falta ou violação de dever que tem fundamento num princípio geral de Direito que manda respeitar a pessoa e os bens alheios. Também denominada culpa extracontratual.

Culpa Consciente. Segundo o *Direito Penal*, ela ocorre quando o agente, prevendo o resultado, embora não o desejando, age de modo a ensejá-lo.

Cumplicidade. Existência de uma ligação entre várias pessoas responsáveis por um mesmo ato delituoso. Favorecimento pessoal ou real prestado ao criminoso.

Curador. Pessoa que, por determinação da lei ou do juiz, exerce a curatela ou curadoria como representante do Ministério Público ou particular.

Curador à Lide. Pessoa investida no encargo legal de defender interesses de incapaz no caso de este não possuir representante legal.

Curandeirismo. Crime contra a saúde pública, que consiste em prescrever, ministrar ou aplicar habitualmente qualquer substância ou fazer diagnósticos sem ter habilitação médica, ou, ainda, usar gestos, palavras ou qualquer outro meio de iludir a vítima que busca alívio de seus sofrimentos.

Curatela. Encargo conferido judicialmente a alguém para zelar, cuidar dos interesses de outra pessoa que não pode tratar deles pessoalmente.

Custas. Despesas judiciais assumidas pelas partes num processo, com o fim de remunerar os serviços prestados pelos serventuários da Justiça e pagar os emolumentos ao juiz.

Custódia. Estado da coisa ou pessoa que está sob guarda, proteção ou defesa de outrem.

D

Dação em Pagamento. Modo de extinção de uma obrigação, que ocorre com o pagamento de dívida mediante a entrega de um objeto diferente do combinado.

Dador. Concedente. Pessoa que dá ou outorga alguma coisa a outrem.

Dano. Mal ou ofensa que uma pessoa causa a outrem, podendo resultar em deterioração ou destruição de um bem dele ou num prejuízo a seu patrimônio econômico. Pode ensejar um ilícito civil.

Dano Emergente. Diminuição atual, concreta, palpável e proposital do patrimônio. Aquele do qual resulta prejuízo efetivo e provocado do patrimônio.

Dano Moral. Prejuízo causado ao patrimônio moral de uma pessoa física ou jurídica. É suscetível de indenização.

Dar Fé. Testificar, afirmar a verdade do relatado ou a autenticidade de alguma coisa. Tornar fidedigno. Garantir a verdade ou autenticidade do conteúdo de um documento.

Data. Indica o momento, tempo e local em que o ato é executado ou em que o documento é dado e passado.

Data Venia. Com a devida vênia ou licença. Expressão que o advogado ou qualquer outra pessoa deve empregar ao contradizer a opinião de um juiz ou de alguma autoridade, nos arrazoados ou nas petições de recurso.

Debilidade Mental. Atraso, congênito ou precocemente adquirido, do desenvolvimento intelectual. Anormalidade psíquica permanente, caracterizada pela dupla circunstância de ter o enfermo consciência de seu estado patológico e de não perder totalmente sua adaptabilidade ao meio social.

Débito. Toda soma ou importância que uma pessoa, o devedor, está obrigada a pagar à outra, o credor, isto é, tudo aquilo por que alguém é responsável em virtude de obrigação jurídica assumida.

Decadência. Perda de um direito material em razão do decurso de prazo insuscetível de interrupção ou suspensão.

Decisão Interlocutória. Ato pelo qual o juiz, durante um processo, resolve questão superveniente.

Declaração de Ausência. Ato pelo qual o juiz proclama o desaparecimento de uma pessoa que abandonou seu domicílio sem deixar representante ou procurador e sem dar notícias.

Decreto. Decisão ou resolução, tomada por uma pessoa ou instituição, a que se conferem poderes especiais e próprios para decidir ou julgar, resolver ou determinar.

De Cujus. Expressão latina que designa pessoa falecida de cuja sucessão de bens se trata. Denomina o falecido que deixou bens. Também se diz autor da herança.

Defeito Legal. Falta ou omissão à regra ou prescrição legal, julgada indispensável para a validade do ato jurídico. Tem o mesmo sentido de defeito jurídico ou vício jurídico.

Defensor. Advogado de defesa. Pessoa legalmente habilitada, com mandato de outrem, para defendê-lo em juízo ou perante este fazer valer seus direitos.

Defensoria Pública. Instituição de caráter público destinada a proporcionar assistência jurídica integral e gratuita às pessoas necessitadas.

Deferimento. Despacho emitido por quem de direito, outorgando aquilo que foi requerido. Ato de aprovação daquilo que se pede ou se requer.

Defesa. Todos os meios que assistem a cada pessoa para contrapor-se aos ataques dirigidos à sua pessoa ou a seus bens. Ato de justa reação ao atentado físico ou moral feito contra a pessoa. Na técnica processual, entende-se por defesa toda produção de fatos ou argumentos apresentada por uma pessoa em oposição ao pedido ou alegação de outrem, numa causa ou acusação.

Defesa Indireta. Para o *Direito Processual* é o meio de defesa em que o réu não se dirige diretamente à pretensão do autor, mas se limita a apresentar circunstâncias que podem dificultar o andamento do processo.

Defesa Prévia. No *Direito Processual Penal*, são as alegações escritas que o réu apresenta logo após o interrogatório ou no prazo legal de três dias.

Defeso. Época do ano em que se proíbem a caça e a pesca. Todavia, o defeso não abrange os animais silvestres considerados nocivos, que podem ser abatidos a qualquer tempo.

Defraudação. Qualquer ato jurídico no qual há fraude ou má-fé. Espoliação com fraude.

Delegado. Pessoa que recebe de alguém o poder de o substituir, agindo em seu nome. Aquele a quem é atribuída uma função de serviço público, ficando, porém, sujeito à autoridade superior, como, por exemplo, o delegado de polícia. Membro de uma delegação, isto é, pessoa emissária ou representante de outra em assembleia ou convenção.

Deliberação. Decisão. Resolução resultante da discussão de determinada matéria. Pronunciamento de um juízo ou assembleia legislativa ou judiciária sobre assunto de sua competência.

Delinquente. Pessoa que cometeu delito. Sujeito ativo do crime.

Delito. Qualquer violação de direitos, executada com má intenção. Toda ação ou omissão voluntária contra a lei penal.

Delito Funcional. Ato que viola a lei penal, praticado contra a administração em geral, por funcionário público ou por alguém que exerce cargo público.

Demanda. Ação judicial interposta com o objetivo de fazer valer direitos contra terceiros. Lide, litígio, pleito judicial, questão.

Demência. Desequilíbrio das faculdades mentais resultante da estagnação do desenvolvimento psíquico do indivíduo, constituindo um estado patológico que, se comprovado e judicialmente declarado, torna a pessoa incapaz para os atos da vida civil.

Demissão. Segundo o *Direito Administrativo*, é o desligamento de servidor público a título de punição.

Denúncia. No *Direito Processual Penal*, é o ato pelo qual o promotor de justiça formaliza a acusação perante o juízo competente, dando início à ação penal.

Denúncia Cheia. No *Direito Imobiliário*, é a ação de retomar um imóvel alugado, com base em motivos legais.

Denúncia Vazia. Segundo o *Direito Imobiliário*, é a ação de despejo sob o fundamento da retomada do prédio pelo locador, sem que este tenha o dever de apresentar o motivo. Também se diz retomada imotivada.

Denunciação da Lide. No *Direito Processual Civil*, é o chamamento de terceiro, ou denunciado, para intervir na ação, na qualidade de litisconsorte da parte que o chamou, seja o autor, seja o réu, denominada denunciante, para que esta se garanta dos efeitos da evicção.

Dependente. Pessoa ou ação que está subordinada a alguém ou a alguma coisa. Por exemplo: Ação dependente da principal; dependente econômico, isto é, pessoa que vive exclusivamente à custa de outra; dependente químico.

Depoimento. Declarações prestadas por testemunha ou pela parte sobre determinado ato do qual tem conhecimento ou que se relaciona com seus interesses.

Depositário. Pessoa que recebe um bem móvel alheio e se obriga a guardá-lo, zelar com toda diligência por sua conservação e restituí-lo com todos os frutos e acréscimos no fim do prazo combinado.

Depositário Infiel. Aquele que, tendo sob sua guarda bem próprio ou alheio, do qual não tem a livre disponibilidade, dele se desfaz em prejuízo de outrem, incidindo na cominação de prisão civil, que é autorizada expressamente pela Constituição Federal.

Deprecante. Juiz que ordena a expedição de carta precatória, na qual requer prática de diligência ou ato na jurisdição do juiz deprecado.

Derrogação. Revogação parcial de uma lei ou de um regulamento. Também designa a revogação parcial de uma convenção ou de uma sentença.

Desacato. Ato de desrespeito ou de ofensa moral ou material praticado contra uma pessoa investida de autoridade ou de função pública.

Desaforamento. No *Direito Processual Penal*, é o ato por força do qual o processo é submetido ao conhecimento de um foro estranho ao do delito.

Desapropriação por Utilidade Pública. Ato pelo qual a autoridade competente, mediante justa indenização e nos casos previstos em lei, determina a transferência de uma propriedade individual para o uso da coletividade.

Descaminho. Segundo o *Direito Penal*, é o crime praticado por particular contra o Estado, consistente na fraude ao pagamento de tributo devido em razão da entrada, saída ou consumo de mercadoria não proibida no país.

Descendência. Série de pessoas que derivam de um tronco comum. Linha reta de parentesco em que se desce dos progenitores aos filhos, netos, bisnetos e assim por diante.

Descriminalização. Ato de tirar o caráter criminoso de algo cuja prática estava proibida por lei.

Desembargo. Acórdão. Despacho definitivo ou sentença proferida por desembargador.

Desentranhar. Retirar do corpo dos autos ou do processo algum documento ou peça.

Deserção. Abandono da lide recursal pelo recorrente, caracterizado pela falta de preparo do recurso no prazo legal.

Deserdação. Disposição de última vontade pela qual se exclui da herança um herdeiro necessário.

Desídia. Descaso, imprudência, má vontade ou negligência revelada pelo empregado na execução de suas tarefas e encargos. Distinguem-se duas formas de desídia: a intencional ou dolosa e a indeliberada ou culposa.

Desobediência. Crime contra a administração em geral, praticado por funcionário público, consistindo na transgressão de ordem legal, no exercício de suas funções.

Despacho. Ato que defere ou indefere petição dirigida a autoridade administrativa. Decisão de uma autoridade sobre assunto de sua competência, lavrada em autos ou papéis administrativos. Ordem judicial que dispõe sobre o andamento de um processo. Ato pelo qual um Ministro de Estado delibera com o Presidente da República sobre assuntos referentes à sua pasta.

Despachante Aduaneiro. Pessoa habilitada a promover, com autorização escrita do interessado, em todos os seus trâmites, mediante processo legal, os despachos de importação, exportação, reexportação, trânsito, baldeação e reembarque de mercadorias estrangeiras. A natureza da atividade de despachante aduaneiro é de auxiliar autônomo do comerciante.

Despejo. Ação judicial que tem por finalidade expulsar do imóvel locado o inquilino ou locatário que o ocupa, quando injustamente se recusa a restituí-lo.

Despesas Judiciais. Todos os gastos feitos para promover o andamento de uma causa em juízo, abrangendo as custas dos autos do processo, as indenizações de viagens, diárias de testemunhas e remunerações do assistente técnico.

Despronúncia. No *Direito Processual Penal*, é a decisão de segunda instância que considera improcedente a pronúncia do réu, em crime de competência do Júri.

Detenção. Encarceramento do condenado, durante o tempo fixado na sentença condenatória, em penitenciária ou em seção especial de prisão comum.

Detento. Preso. Aquele que cumpre pena de detenção, em decorrência de sentença condenatória.

Detetive. No *Direito Penal*, é o agente encarregado da apuração do delito.

Detração Penal. Cômputo do período de prisão preventiva ou provisória e de internação em hospital ou manicômio, que é contado para a duração da pena definitiva.

Devassa. Sindicância realizada para apurar ato delituoso ou transgressor da lei, regulamento ou contrato. Ato de reunir depoimentos, documentos e outras provas relativas a fato criminoso ou irregular.

Devedor Remisso. Pessoa que teve dívida fiscal inscrita no livro competente da respectiva repartição. Contribuinte que, mesmo após decisão administrativa definitiva, não recolheu aos cofres da Fazenda Pública as importâncias devidas por tributação ou infração fiscal.

Dever Cívico. Obrigação de cada um fazer ou deixar de fazer tudo aquilo que é exigido pela cidadania e pelas relações do indivíduo com a sociedade em que vive.

Dever Jurídico. Aquele que, fazendo parte da esfera do Direito, é imposto por lei ou se torna suscetível de sanção por força de acordo ou de convenção.

Dever Moral. Aquele que não é imposto nem pela lei nem pelo Direito, mas se subordina ao livre arbítrio e cujo cumprimento depende da consciência e dos princípios morais do ser humano.

Devido Processo Legal. Termo referente ao princípio constitucional que garante ao indivíduo o direito de ser processado segundo as normas jurídicas vigentes antes do fato que ensejou o processo.

Dia *a Quo*. Aquele dia a partir do qual se começa a contar um prazo.

Difamação. Crime contra a honra de alguém, consistente em atribuir-lhe fato ofensivo à reputação. Não deve ser confundida com calúnia, porque esta consiste numa imputação injusta de fato tipificado como crime.

Diligência. Atenção ou cuidado que deve ser aplicado pelo agente ou pela pessoa que executa um ato ou procede num negócio, para que tudo se cumpra com a necessária regularidade. Na terminologia jurídica, significa todo ato ou solenidade promovida por ordem do juiz, a pedido da parte ou *ex officio*, para que se cumpra uma exigência processual ou para que se investigue a respeito da própria questão ajuizada.

Direção Perigosa de Veículo. Contravenção penal que consiste em dirigir em via pública veículo de qualquer natureza, ou embarcação em águas públicas, de modo a pôr em perigo a segurança alheia.

Direito. Tudo aquilo que é conforme à razão, à justiça e à equidade. É um complexo orgânico, cujo conteúdo é constituído pela soma de preceitos, regras e leis, com as respectivas sanções, que regem as relações do homem, vivendo em sociedade. É a norma de caráter geral, imposta pela sociedade, para ordem e equilíbrio de interesses na própria sociedade.

Direito Alternativo. Sinônimo de Jurisprudência Alternativa. Corrente de aplicação do Direito defendida no Brasil por uma parcela da magistratura do Rio Grande do Sul, que consiste em atribuir ao juiz a mais ampla liberdade na decisão de lides, sendo até possível uma decisão contrária à lei.

Direito Canônico. Conjunto das leis que regem a Igreja Católica.

Direito Certo. Aquele de natureza evidente e existência comprovada, não admitindo oposições.

Direito Civil. Em sentido lato, é o direito privado. Em sentido restrito, é o ramo do direito privado que compreende ou institui as normas relativas ao estado e à capacidade das pessoas, relativas à família, ao patrimônio, à transmissão de bens, aos contratos e às obrigações. Subdivide-se em: direito de família, direito das obrigações e direito das sucessões.

Direito Constitucional. É o mais fundamental dos Direitos Públicos, de ordem interna, e encerra todos os princípios jurídicos, indispensáveis à organização do próprio Estado, à constituição de seu governo e dos poderes públicos, à declaração dos direitos das pessoas físicas ou jurídicas, traçando assim os limites de ação do Estado, na defesa de seus objetivos fundamentais e na defesa dos interesses da coletividade que o compõe.

Direito de Autor. Direito Autoral. É a prerrogativa de natureza patrimonial e moral que possui o autor de obra literária, artística ou científica, de usufruir com exclusividade os resultados da reprodução, execução ou representação da respectiva obra.

Direito de Defesa. Prerrogativa ou faculdade legal que assiste ao acusado de alegar a seu favor tudo quanto desejar, de apresentar as provas de que dispõe, de requerer a apresentação daquelas que estão em poder de terceiros, de praticar todos os atos e de usar todos os recursos e meios para enfrentar a oposição.

Direito de Estrangeiro. Conjunto de normas que regem a entrada e permanência de alienígenas no território nacional, bem como seus direitos e obrigações.

Direito de Resposta. Aquele que assiste a todos, sejam pessoas naturais ou jurídicas, órgãos ou entidades públicas, que forem acusados ou ofendidos em publicação de jornal ou de qualquer outro meio de informação e divulgação, de responderem à acusação ou retificarem a informação pelo mesmo veículo e gratuitamente.

Direito de Vizinhança. Complexo de restrições que a lei impõe à propriedade imóvel, decorrentes da proximidade entre os prédios. Os direitos de vizinhança estão previstos no Código Civil.

Direito Natural. Dever de consciência, ou seja, o conjunto de preceitos de convivência criados pela própria Natureza, anteriores à lei escrita, criada pelo Estado.

Direito Objetivo. Regra social obrigatória, imposta a todos, que existe sob a forma de lei ou mesmo de costume e deve ser obedecida.

Direito Positivo. Denominação genérica dada em oposição à de Direito Natural, abrange o conjunto de regras jurídicas em vigor, que se impõem às pessoas e às instituições, sob a sanção da força pública, em qualquer dos aspectos em que se manifeste.

Direito Privado. Conjunto dos preceitos que regulam a condição civil dos indivíduos e das coletividades organizadas, os modos pelos quais se adquirem, desfrutam e transmitem os bens e também as relações de família e as sucessões.

Direito Processual Civil. O que estabelece normas para o exercício do direito de ação para assegurar a aplicação das leis que garantem a inviolabilidade dos direitos individuais. Aquele que atende ao andamento das ações cíveis.

Direito Processual Penal. O que formula as regras para as ações de natureza penal, isto é, as ações judiciais que evidenciam a responsabilidade de um crime e impõem a devida pena.

Direito Público. Conjunto das normas que regulam a constituição e a competência dos órgãos do Estado, assim como o exercício dos direitos e poderes políticos dos cidadãos e concedem a estes a utilização dos serviços públicos e dos bens de domínio público.

Direito Subjetivo. Prerrogativa legal conferida a alguém, expressa ou presumidamente, para agir ou se omitir conforme o preceito legal que a criou.

Discriminação Racial. Crime que consiste em separar ou isolar uma comunidade racial considerada indesejável por razões meramente étnicas. É delito inafiançável e imprescritível.

Disparo de Arma de Fogo. Contravenção penal que consiste em atirar com arma de fogo em lugar habitado ou em suas adjacências, em via pública ou em direção a esta.

Disponibilidade. Afastamento de funcionário do serviço público, em caráter temporário, quando, após ter adquirido estabilidade, o cargo é extinto.

Disposição. Norma, preceito legal. Conteúdo de uma norma de direito objetivo. Artigo de lei.

Dissídio. Desavença, discórdia, divergência. No *Direito Trabalhista*, é a ação que se move no juízo trabalhista, envolvendo disputa de interesses ou conflito de direitos entre empregados e empregadores.

Distrato. Convenção, em virtude da qual se promove a dissolução de uma sociedade ou de um contrato. O distrato pode ser tanto amigável quanto judicial.

Distribuição. Ato de registrar e distribuir as causas e os processos que entram em cada tribunal ou juízo, tanto entre os juízes como entre os escrivães.

Dívida Incomunicável. Aquela que não se transmite de um cônjuge para o outro, permanecendo sob a total responsabilidade daquele que a contraiu.

Dívida Portável. Dívida a ser paga na residência ou domicílio do credor.

Dívida Quesível. Dívida a ser paga na residência ou domicílio do devedor.

Dividendo. Nas sociedades por ações, é a parcela de lucro pertinente a cada ação. Empregado no plural, o termo denomina os lucros líquidos distribuídos aos acionistas, em cada exercício social.

Divórcio. Processo reconhecido por lei, pelo qual se dissolve o casamento, com a ruptura de todos os laços matrimoniais existentes em virtude da união conjugal.

Doação de Órgãos Humanos. Ato pelo qual o doador, em vida, dispõe livre, consciente e desinteressadamente de órgãos do próprio corpo ou determina expressamente que seus órgãos, após sua morte, sejam transplantados em outras pessoas.

Documentação. Conjunto de documentos destinados a fazer determinada prova. A totalidade dos documentos que a parte juntou aos autos para comprovar seus direitos.

Documento. Qualquer escrito oferecido pelas partes em juízo para provar o que alegam. O documento pode ser original, particular ou público.

Doença Profissional. Segundo o *Direito Trabalhista* é enfermidade ou moléstia adquirida no exercício de uma profissão, em consequência das tarefas executadas obrigatoriamente durante o exercício desta profissão.

Dolo. Toda espécie de desígnio, intenção, artifício, engano perpetrado para induzir outra pessoa à prática de um ato jurídico, em proveito ou prejuízo próprio ou de outrem.

Dolo Eventual. Dolo em que o agente, com sua conduta, prevê o resultado nocivo, não se importando se este se concretizará ou não.

Domicílio. Em sentido estritamente jurídico, indica o local, a sede ou o centro de atividades de uma pessoa, o lugar em que mantém seu estabelecimento ou fixa sua residência com ânimo definitivo.

Domínio. Propriedade plena. Direito real que submete legalmente e vincula à vontade de alguém uma coisa corpórea. Conjunto das coisas e dos direitos públicos que a Administração possui sobre os espaços inapropriáveis e sobre as coisas privadas.

Domínio Eminente. Para a Teoria Geral do Estado, é a prerrogativa do Estado de restringir a propriedade individual, em nome do interesse público, como ocorre na função social da propriedade.

Dote. Montante de bens que a noiva leva para a união conjugal, com o fim de contribuir para a manutenção do lar.

Douto. Erudito. Que revela erudição. Exs.: Douto Juiz, douto parecer etc.

Doutor. O mais elevado grau acadêmico conferido a uma pessoa. Tratamento que se dá, por extensão, ao advogado e ao bacharel que exerce funções públicas de caráter elevado.

Doutorado. Curso que sucede ao bacharelado e que constitui o segundo e último grau de estudo das ciências jurídicas.

Doutrina. Conjunto de princípios e razões que servem de base para um sistema jurídico. Teoria geral do Direito, ainda não convertida em lei, em oposição a direito objetivo. Opinião particular defendida por jurisconsultos a respeito de um ponto controvertido do Direito.

Duplicata. Título emitido em consequência de uma venda mercantil, quando feita para pagamento a prazo, tornandose instrumento de prova do contrato de compra e venda.

Duplo Grau de Jurisdição. Princípio de organização judiciária que estabelece a existência de duas instâncias, a inferior e a superior.

Dúvida. Estado de espírito diante de uma verdade que não se percebe claramente. Incerteza a respeito da realidade de um fato ou da verdade de uma afirmação.

Edital. Ato escrito oficial em que há determinação, aviso, postura ou citação, publicado na imprensa ou afixado em lugares públicos por autoridade competente, para conhecimento geral ou de alguns interessados ou, ainda, de pessoa determinada cujo paradeiro se ignora.

Efeito Devolutivo. No *Direito Processual*, é o ato de reexame da mesma matéria, executado pelo órgão judiciário que já decidira a respeito, mediante a devolução do processo pelo tribunal competente.

Efeito Imediato da Lei. Aplicação de lei nova a fatos pendentes ou ainda não consumados.

Efeito Repristinatório da Lei. Efeito que uma lei nova tem de restaurar a vigência da lei revogada anteriormente, desde que seja claramente expressa tal restauração.

Efeito Suspensivo. Para o *Direito Processual*, é a suspensão ou paralisação da execução da sentença, até que o recurso interposto seja julgado.

Efetivo. Segundo o *Direito Administrativo*, designa todo funcionário concursado ou todo cargo exercido em caráter de permanência. Opõe-se a interino e inativo.

Emancipação. Ato de liberdade paterna, de liberdade legal ou de concessão judicial que antecipa a maioridade civil de uma pessoa, nos termos da lei. Por determinação do *Código Civil*, é obtida normalmente quando a pessoa completa dezoito anos de idade.

Embargo. Em sentido amplo, qualquer impedimento, obstáculo ou embaraço posto em prática por uma pessoa, a fim de evitar que outra possa agir ou fazer algo que não é de seu interesse ou que lhe contraria um direito. É, pois, um meio ou uma medida de oposição a alguma ação de outrem, com o objetivo de impedi-la ou de suspender sua execução.

Embargo de Declaração. No processo civil, vem a ser um pedido que se faz ao próprio juiz ou tribunal que emitiu a sentença, para que ele esclareça tópicos obscuros ou omissões apresentadas por esta. No processo penal, pode ser apresentada contra os acórdãos proferidos pelos Tribunais de Justiça se na sentença se detectar ambiguidade, obscuridade, contradição ou omissão.

Embargo de Terceiro. Recurso cabível em processo de execução, pelo qual um terceiro, estranho ao litígio, requer a sustação da execução de seus bens.

Embargo Infringente do Julgado. Recurso cabível quando o julgamento proferido em apelação ou em ação rescisória não for unânime.

Embriaguez. Estado em que se encontra uma pessoa após a absorção ou ingestão excessiva de bebidas alcoólicas ou de substâncias de efeitos análogos. O estado de embriaguez se manifesta pela perda do raciocínio ou do discernimento. Tal estado pode resultar na imputabilidade ou não de algum ato praticado pela pessoa embriagada. Se a embriaguez for voluntária ou culposa, ela não isenta o agente da responsabilidade por crime praticado.

Emenda à Constituição. Diploma legal consistente na manifestação do Poder Constituinte derivado, que visa a reformar parcialmente a Constituição. O Poder Constituinte originário, ao elaborar a Constituição, institui um Poder Constituinte derivado, com a missão de reformar ou atualizar periódica e parcialmente, mediante emendas, o texto constitucional.

Emenda da Inicial. Alteração ou correção da petição inicial, exigida pelo juiz, quando este verifica que ela não preenche os requisitos exigidos pelo Código de Processo ou contém irregularidades e defeitos capazes de dificultar o julgamento do mérito.

Emenda da Mora. Nas locações prediais, é o pagamento feito judicialmente de aluguéis em atraso. Trata-se de um direito do inquilino, expressamente regulamentado pela *Lei do Inquilinato*.

Emoção Violenta. Forma exacerbada da emoção, que produz fortíssimos impulsos no agente para cometer um ato delituoso. Se provocada injustamente pela vítima, a emoção violenta do réu é considerada como circunstância atenuante da pena, não excluindo, porém, a responsabilidade criminal.

Empregado. Segundo o *Direito do Trabalho*, é a pessoa física que presta serviços de natureza não eventual a empresa individual ou coletiva, sob dependência desta e mediante recebimento de salário.

Empregado Doméstico. Pessoa que presta serviços de forma contínua e mediante vínculo de subordinação e salário, no âmbito residencial do empregador que não visa lucros com tais serviços.

Empregado Rural. Pessoa física que, em propriedade rural, presta serviços de natureza não eventual a empregador rural, sob a dependência deste e mediante salário.

Empregador. De acordo com o *Direito do Trabalho*, é a empresa individual ou coletiva que, assumindo os riscos da atividade econômica, admite e assalaria funcionários e dirige a prestação pessoal de serviço.

Emprego Irregular de Verbas ou Rendas Públicas. Crime contra a Administração Pública consistente em dar a verbas ou rendas públicas aplicação ou destino diverso daquele estabelecido em lei.

Empreitada. Contrato em que uma das partes se compromete a executar, por si ou por sua direção, determinada obra, mediante pagamento combinado, que será pago somente ao término da obra.

Empresa. Organização econômica, civil, industrial ou comercial, instituída para a exploração de determinado ramo de negócio.

Empresa de Pequeno Porte. Pessoa jurídica ou firma individual que não é enquadrada como microempresa e cuja receita bruta anual é igual ou inferior a determinado valor estabelecido periodicamente pelo Governo.

Empréstimo Compulsório. Tributo atípico instituído por lei complementar para que o Governo possa atender a despesas extraordinárias, decorrentes de calamidade pública ou guerra, ou no caso de investimento público de caráter urgente e de relevante interesse para o bem comum da nação.

Em Tempo. Locução que significa em aditamento, ou, ainda a constar. É utilizada quando se quer introduzir num ato judicial ou numa escritura ainda não definitiva algo que deixou de constar no lugar adequado.

Em Termos. Expressão acrescentada pelo magistrado em despacho que deferiu uma petição, significando que o deferimento fica condicionado à inexistência de qualquer circunstância que possa impedi-lo.

Encampação. Ato pelo qual o Estado se apodera de serviço público objeto de concessão, antes de findar o prazo concedido em contrato, que é por isso rescindido mediante pagamento de indenização.

Encargo. Obrigação ou ônus imposto como limitação ao direito adquirido ou como dever a ser cumprido. Ônus ou dever imposto por lei ou pela vontade dos contratantes, com base nas obrigações legais ou nas obrigações acessórias convencionais.

Endosso. Assinatura que uma pessoa apõe no verso de um título, tendo por efeito transferir a propriedade deste, continuando o endossante como um coobrigado solidário no cumprimento da obrigação.

Enfiteuse. Contrato bilateral e oneroso, no qual, por ato *inter vivos* ou por disposição de última vontade, o dono do imóvel confere a outrem, perpetuamente, o domínio útil deste, mediante o pagamento de uma pensão anual, denominada foro. Também se denomina aforamento.

Enriquecimento Ilícito. Aumento de patrimônio conseguido mediante empobrecimento injusto de outrem. Enriquecimento desonesto à custa alheia.

Enriquecimento Sem Causa. Proveito econômico que, embora não seja necessariamente ilegal, configura o abuso de direito, ensejando uma reparação.

Entrância. Etapa na carreira de juiz de direito. As entrâncias ou etapas da carreira são percorridas gradualmente, conforme regras da Administração, seja por merecimento, seja por antiguidade.

Enunciado. Série de argumentos ou exposição de razões manifestadas por escrito ou verbalmente, com o fim de mostrar a procedência de uma afirmativa ou de demonstrar o fundamento de um direito. Denominação de cada súmula de jurisprudência do Tribunal Superior do Trabalho.

Equidade. Disposição de reconhecer igualmente o direito de cada um. Conjunto de princípios imutáveis de justiça que induzem o juiz a um critério de moderação e de igualdade, ainda que em detrimento do direito objetivo.

Erro. Falsa concepção acerca de um fato ou de uma coisa. Percepção falsa da realidade, quando o conhecimento existente não corresponde à realidade, tomando o verdadeiro por falso e vice-versa.

Erro Judiciário. Erro em que incorre um juiz na apreciação e julgamento de um processo criminal, resultando em condenação de alguém inocente.

Esbulho Possessório. Ato violento, em virtude do qual uma pessoa é despojada ou desapossada de um bem legítimo, caracterizando crime de usurpação.

Escritura. Documento ou instrumento público ou particular que comprova a celebração de um contrato ou materializa o ato jurídico.

Escritura Pública. Instrumento de ato jurídico, lavrado por oficial público ou tabelião, observadas todas as solenidades prescritas em lei.

Escrituração Mercantil. Série de atos executados no sentido de elaborar o registro sistemático e metódico de todas as operações de valor econômico havidas num estabelecimento comercial, obedecendo os princípios estabelecidos pela contabilidade.

Escusa de Consciência. Arguição de circunstância, fundada em crença religiosa ou convicção político-filosófica, para a dispensa de obrigação legal imposta a todos. Todavia, a escusa de consciência não é admitida no Direito brasileiro.

Espaço Aéreo. Espaço atmosférico existente sobre o território de uma nação, sobre o qual o Estado exerce direito de soberania. Parte da atmosfera que se estende sobre o terreno de propriedade de alguém, pertencendo-lhe até onde lhe for útil.

Especialização de Hipoteca Legal. Ato que especifica o bem que responderá pela hipoteca legal. Por extensão, significa a inscrição da hipoteca no Registro competente.

Espírito da Lei. O ânimo, a intenção que emana da lei ou de suas disposições, a fim de se cumprir o pensamento ou o objetivo colimado.

Espólio. Conjunto de bens que integram o patrimônio deixado por pessoa falecida e que serão partilhados, no inventário, entre os herdeiros.

Estabelecimento Comercial. Casa de comércio ou negócio estabelecido, compreendendo suas instalações e a soma de atividades ali empreendidas, com o intuito de servir uma clientela, visando ao lucro.

Estado. Para o *Direito Público*, é o agrupamento de indivíduos, estabelecidos ou fixados em determinado território e submetidos à autoridade de um poder público soberano, que lhes dá autoridade orgânica. Segundo o Direito Privado, o termo possui a significação genérica do modo de ser ou de estar de uma pessoa ou coisa.

Estado da Técnica. Na *Propriedade Industrial*, é tudo aquilo que for tornado acessível ao público antes da data de depósito do pedido de patente, por descrição escrita ou oral, por uso ou qualquer outro meio, no Brasil ou no exterior. Por isso a invenção e o modelo de utilidade são considerados novos somente quando não compreendidos no estado da técnica.

Estado de Sítio. Cerco feito pelas forças atacantes do inimigo a uma praça de guerra ou a uma cidade. Para o *Direito Constitucional*, é a situação de violenta comoção interna ou externa sofrida pelo Estado, que enseja a suspensão temporária das garantias individuais, a fim de preservar a ordem constituída.

Estado Federado. Entidade integrante do Estado Federal, dotada de autonomia, isto é, poder de auto-organização limitada pela Constituição Federal.

Estado Federal. Federação integrada por Estados Federados. União de Estados, onde há centralização de poderes e a manifestação de uma só soberania.

Estelionato. Ato de obter, para si ou para outrem, vantagem patrimonial ilícita ou criminosa, em prejuízo alheio, induzindo ou mantendo alguma pessoa em erro, mediante artifício, ardil ou qualquer outro meio fraudulento.

Estipulação em Favor de Terceiro. Convênio pelo qual as partes estipulam vantagem em favor de terceiro, denominado beneficiário, que não é parte na obrigação.

Estrangeiro. Pessoa ou coisa que procede ou pertence a um país de fora ou a outra nação. Pessoa que, embora resida em determinado país, nasceu em outro e conserva a sua nacionalidade.

Estupro. Crime contra os costumes consistente na conjunção carnal imposta pelo homem à mulher, por meio de violência ou grave ameaça.

Ética Jurídica. Conjunto de princípios e normas jurídicas que atribuem direitos e impõem deveres aos que militam na esfera jurídica, especialmente os advogados, juízes, promotores de justiça, estagiários e serventuários.

Ética Profissional. Norma de conduta do profissional no desempenho de suas atividades e em suas relações com os clientes e todas as demais pessoas com quem possa tratar.

Eutanásia. Morte boa, serena, deliberadamente provocada com o fim de acabar com o sofrimento de alguém que já não apresenta possibilidade alguma de sobreviver. Embora não seja admitida pelo *Direito Brasileiro*, este a pune menos severamente, a título de homicídio privilegiado.

Evasão. Ato pelo qual o indivíduo sonega tributos exigidos por lei, ou se furta à sua incidência.

Evicção. Perda total ou parcial de um bem, sofrida pelo adquirente, em consequência de reivindicação judicial promovida pelo verdadeiro dono ou possuidor.

Exceção. No *Direito Processual*, é uma defesa especial indireta, própria do autor ou do réu, a qual objetiva neutralizar os efeitos da causa, embora não se refira ao mérito desta.

Exceção da Verdade. Para quem delata a prática de um crime, é a prerrogativa que lhe assiste de provar o que alega, descaracterizando com isso um possível crime de calúnia.

Excesso de Exação. Crime contra a Administração Pública que consiste no ato de um funcionário exigir taxa, imposto ou emolumento que sabe indevido, ou se devido, empregar na cobrança meio vexatório ou gravoso não autorizado por lei.

Excesso de Prazo. Prazo legal em demasia ou além do necessário. Também significa prazo que foi ultrapassado ou perda do prazo legal, sem justificação legítima.

Excesso na Execução. Pedido exagerado, que ultrapassa em muito o valor real da dívida.

Execução. No *Direito Processual Civil*, é o processo pelo qual o Estado, mediante o órgão jurisdicional competente, efetua o ressarcimento do credor, tendo como suporte um título judicial ou extrajudicial.

Execução Provisória. Segundo o *Direito Processual*, é uma espécie de execução cabível quando a apelação é recebida apenas no efeito devolutivo, extraindo-se a respectiva carta de sentença. A execução provisória não admite alienação do domínio e sempre corre por conta e responsabilidade do credor.

Exercício Arbitrário das Próprias Razões. Ato de fazer justiça pelas próprias mãos para satisfazer pretensão, embora legítima, desprezando a respectiva administração de que são encarregados os seus órgãos jurisdicionais.

Ex Officio. De ofício. Por imperativo do cargo. Caracteriza as providências, atos e recursos promovidos por juiz ou qualquer autoridade por força do dever de ofício ou por disposição legal.

Exoneração. Para o *Direito Administrativo* significa o desligamento de um servidor público de seu cargo, em caráter punitivo.

Expectativa de Direito. Situação jurídica de uma pessoa, em que se torna necessária a realização de ato ou fato futuro e previsível, para se atingir um direito subjetivo.

Expilação. No *Direito das Sucessões*, é a subtração indevida, total ou parcial, de bens integrantes da herança jacente.

Exploração da Credulidade Pública. Contravenção penal consistente em realizar sortilégios, prever o futuro, interpretar sonhos e outras práticas congêneres, iludindo a boa-fé das pessoas e visando ao lucro.

Expropriação de Bens. Para o *Direito Administrativo*, é a retirada definitiva de bens particulares da posse de seus proprietários, executada pelo Poder Público. Existem duas espécies: o confisco e a desapropriação por necessidade ou utilidade pública ou por interesse social.

Extorsão Mediante Sequestro. Crime contra o patrimônio consistente em sequestrar alguém com o fim de obter para si ou para outrem qualquer vantagem, apresentada como condição ou preço do resgate.

Extradição. Condução forçada de criminoso ao Estado onde praticou o delito, mediante autorização do Estado em que se ache homiziado.

Extranumerário. Termo utilizado para designar os empregados que não estão incluídos nos quadros aprovados ou oficiais, mas foram admitidos segundo os princípios das leis vigentes. São os empregados ditos contratados, mensalistas, diaristas, nomeados ou admitidos em caráter temporário, segundo a natureza e a necessidade do serviço.

Factoring. Contrato pelo qual um comerciante ou industrial cede à instituição bancária, total ou parcialmente, créditos oriundos de vendas efetuadas a terceiros, assumindo o cessionário o risco de não os receber, mediante o pagamento de determinada comissão a cargo do cedente.

Falência. É o estado ou a situação do comerciante que falhou injustificadamente nos pagamentos de obrigações líquidas a que estava vinculado.

Falsidade. Qualquer alteração, mudança ou supressão da verdade. Subdivide-se em falsidade ideológica e material. Falsidade ideológica ou intelectual é a mentira, isto é, o crime de omitir em documentos certas declarações que deles deveriam constar, ou de neles introduzir ou fazer incluir declaração falsa, com o objetivo de criar obrigação ou alterar a verdade acerca de fato juridicamente relevante. Falsidade material é a que se pratica de modo evidente num documento escrito, seja alterando a data, o texto ou a assinatura, seja substituindo no original todas ou certas partes por outras de sentido diferente.

Falsificação. Tipo de falsidade que consiste na contrafação, imitação ou alteração dolosa e fraudulenta de alguma coisa, com o intuito de induzir outra pessoa em erro e daí auferir vantagem ilícita em proveito próprio ou alheio.

Falta. Ato ou omissão que resulta em infração, intencional ou não, de uma obrigação contratual, de uma prescrição legal ou de um dever. A falta obriga seu autor a reparar o dano que pode ter causado a outrem.

Falta de Habilitação para Dirigir Veículo. Infração que consiste em dirigir veículo em via pública ou embarcação a motor em águas públicas sem habilitação legal.

Família. Conjunto de pessoas ligadas entre si pelo matrimônio e pelo parentesco. Grupo fechado de pessoas, composto de pais e filhos, com certa unidade de relações jurídicas, tendo comunidade de nome, economia, domicílio e nacionalidade, e estando unido por identidade de interesses e fins morais e materiais.

Fato Consumado. Fato concluído, completo, cujos efeitos não podem mais ser alterados.

Fato Criminoso. Toda ação ou omissão que tenha sido declarada crime ou delito, sendo, por isso, passível de sanção penal.

Fato Gerador. No *Direito Tributário*, é uma situação de fato especificada por lei que, ao ocorrer, determina o surgimento da obrigação tributária.

Fato Imputável. Fato que se atribui a uma pessoa, para o fim de exigir dela a responsabilidade que lhe cabe por sua prática.

Fato Jurídico. Acontecimento humano ou natural que pode produzir efeitos jurídicos.

Fato Notório. Fato de conhecimento geral, perceptível por qualquer pessoa de mediano entendimento, que, por sua relevância, dispensa prova.

Faturização. O mesmo que *factoring*.

Fazenda Pública. Erário público. Conjunto de repartições do governo que arrecadam os tributos e fiscalizam o cumprimento das leis tributárias.

Fé Pública. Confiança demonstrada por todos na verdade ou legitimidade de ato realizado por autoridade pública ou por funcionário devidamente autorizado, no exercício de suas funções.

Férias Anuais Remuneradas. No *Direito do Trabalho*, o período anual de descanso compulsório e remunerado, concedido por lei ao empregado, se forem satisfeitos determinados requisitos.

Fiança. Segundo o *Direito Civil*, é o contrato acessório pelo qual o fiador garante o cumprimento da obrigação principal assumida pelo afiançado, caso este não vier a cumpri-la. A fiança deve ser expressa e, em caso de dúvida, seus termos serão interpretados sempre a favor do fiador. Para o *Direito Processual Penal* é a garantia prestada pelo réu ou por terceiro para que o acusado seja posto em liberdade, contanto que o ato praticado seja afiançável. São crimes inafiançáveis a tortura, o tráfico ilícito de drogas e entorpecentes e aqueles tipificados, nos termos da lei, como hediondos.

Fiança Locatícia. Espécie de garantia do contrato de locação de imóvel, que o locador pode exigir do inquilino.

Fisco. Órgão da Administração Pública cuja função é a de cobrar e arrecadar os impostos devidos à Fazenda, bem como de zelar pelo fiel cumprimento das leis fazendárias.

Flagrante Delito. Delito que está sendo praticado ou que acaba de ser praticado. É a evidência do crime.

Fomento Comercial. Contrato de compra e venda em que determinada empresa vende à outra o total de seu ativo e passivo por um preço inferior ao da soma das faturas, sendo a diferença entre ambos a remuneração da empresa adquirente. Também denominado *factoring* ou faturização.

Força Maior. Fato imprevisível, resultante de ação humana, que gera efeitos jurídicos para uma relação jurídica, independentemente da vontade das partes.

Formalidade. A regra, a solenidade ou a prescrição legal indicativa da maneira por que o ato deve ser formado. É também a maneira, determinada por lei, de proceder em cada caso.

Fornecimento de Tecnologia. Contrato pelo qual uma empresa detentora dos direitos sobre fórmulas e técnicas cede à outra empresa, mediante remuneração, a prerrogativa de utilizar tais conhecimentos, visando a aumentar e aprimorar seus produtos.

Foro. Extensão territorial ou limites territoriais em que o magistrado pode desempenhar suas funções ou conhecer das questões.

Foro Contratual. Lugar escolhido livremente pelas partes contratantes para dirimir litígios decorrentes do pacto. Também denominado foro de eleição.

Franchising. No *Direito Comercial*, contrato atípico pelo qual uma das partes concede, por tempo determinado, à outra o direito de comercializar, com exclusividade, em certa área geográfica, serviços, nome comercial, título do estabelecimento, marca de indústria ou de produto que lhe pertence, com assistência técnica permanente, recebendo em troca certa remuneração.

Franquia. Na linguagem jurídica, é o privilégio ou a imunidade concedida pela autoridade pública a alguém para poder entrar ou sair livremente de algum lugar. Segundo o *Direito*

Alfandegário, é a permissão para que a embarcação ou o navio possa entrar livremente num porto, isento das imposições fiscais. Em relação às mercadorias, franquia significa a isenção temporária de direitos ou de impostos aduaneiros. Na técnica dos seguros, representa a faixa mínima de prejuízo pela qual o segurador não se responsabiliza.

Fraude à Execução. Segundo o *Código de Processo Civil*, é a alienação ou oneração de bens quando sobre estes pender ação fundada em direito real.

Fraude contra Credores. Defeito do ato jurídico, consistente na diminuição dolosa do patrimônio do devedor, promovida por este, no intuito de prejudicar seus credores.

Fuga. Ato ou efeito de fugir. Escapada, fugida. Segundo o *Direito Penal*, é crime contra a administração da justiça promover ou facilitar a fuga de pessoa legalmente presa ou submetida a medida de segurança mediante detenção.

Função Pública. Atividade de natureza pública exercida por agente servidor público efetivo ou não.

Função Social da Propriedade. Princípio pelo qual o interesse público deve ter preferência sobre a propriedade privada, embora sem eliminá-la.

Fundação. Complexo de bens dotado de personalidade jurídica e instituído para a realização de uma finalidade social.

Fundamentos Jurídicos do Pedido. No *Direito Processual Civil*, é a argumentação que, na petição inicial, revela a inexistência de conflito entre o interesse do postulante e a ordem jurídica.

Fundamentos Legais do Pedido. Argumentação expressa dos dispositivos legais em que o postulante, na petição inicial, fundamenta o pedido.

Funding. Operação que consiste em consolidar diversos compromissos ou diversos empréstimos públicos em uma só dívida.

Fundo de Comércio. Estabelecimento comercial. Conjunto de bens corpóreos ou incorpóreos que facilitam o exercício da atividade mercantil.

Fundo de Garantia do Tempo de Serviço (FGTS). Pecúlio formado em nome do empregado pelo depósito que o empregador deve fazer compulsoriamente do percentual de 8% (oito por cento) do salário mensal.

Furto. Crime contra o patrimônio, resultante da subtração clandestina de bem alheio móvel.

Furto de Uso. Ação de alguém que subtrai coisa alheia com o fim de utilizá-la para prover uma necessidade e, em seguida, restituí-la.

Furto Famélico. O furto que consiste na subtração de alimentos, para matar a fome; praticado em tais condições, caracteriza o estado de necessidade do agente, descaracterizando o crime.

Furto Qualificado. O crime de furto, quando cometido com destruição ou quebra de obstáculo à subtração do objeto, com abuso de confiança ou mediante fraude, escalada ou destreza, com o emprego de chave falsa, ou mediante concurso de duas ou mais pessoas. Em tais casos, o agente revela caráter corrompido e maior temibilidade, fatos que propiciam o aumento da penalidade.

Fusão de Sociedades. Operação que reúne duas ou mais sociedades já existentes para formar uma sociedade nova, sucessora nos direitos e obrigações das anteriores.

Garantia. Obrigação que uma pessoa assume de assegurar à outra o gozo de um bem ou de um direito, de protegê-la contra um dano ao qual esteja exposta ou de indenizá-la quando sofreu o dano efetivamente.

Garantias Constitucionais. Conjunto de direitos assegurados ou outorgados aos cidadãos de um país pelo texto constitucional. Mecanismos jurídicos que sustentam a harmonia entre os Poderes do Estado e as funções de cada um deles, bem como ensejam a eficaz tutela dos direitos fundamentais.

Garantias Locatícias. Garantias conferidas por lei ao locador de imóvel, em face da eventualidade do inadimplemento do contrato pelo inquilino. Há três modalidades: caução, fiança e seguro de fiança locatícia.

Genealogia. Sistematização de linhagem, isto é, das origens e ramificações de uma família. Sistema das gerações. Série ascendente ou descendente de um indivíduo.

Genocídio. Extermínio de um grupo humano por motivos étnicos, raciais, políticos ou religiosos.

Gestão de Negócios. Ato de gerir negócios de terceiro, sem autorização expressa deste, como pode ocorrer em casos de ausência, impedimento ou impossibilidade de uma pessoa cuidar de seus bens e um parente ou amigo passa a administrá-los espontaneamente.

Graça. Benefício, perdão, relevação da pena imposta à pessoa ou comutação para pena mais benigna.

Grafitagem. No *Direito Penal*, é dano causado por alguém que escreve ou rabisca sobre propriedade alheia, de modo a causar prejuízo estético. Pichação que desrespeita a propriedade particular ou pública.

Gratificação Natalina. Prêmio ou bonificação imposta por lei, paga normalmente no final do ano e que deve corresponder a um doze avos da remuneração devida em dezembro, multiplicada por mês de serviço, do ano correspondente.

Gratuidade da Justiça. Benefício concedido a certas pessoas, em virtude do qual são isentas do pagamento das custas judiciais e do pagamento de honorários do advogado escolhido para patrocinar sua causa.

Grau de Jurisdição. Posição hierárquica ou superioridade hierárquica existente entre um magistrado e outro e entre os tribunais. Os graus de jurisdição formam as instâncias.

Gravação. Toda espécie de ônus ou encargos que possam pesar ou sobrecarregar os bens móveis ou imóveis de uma pessoa.

Gravidez. Estado físico da mulher, que se estende da fecundação do óvulo ou dos óvulos até o parto.

Greve. Paralisação coletiva do trabalho, com o objetivo de provocar a composição forçada de um conflito trabalhista. No *Direito do Trabalho*, é reconhecida como um direito do trabalhador, que deve ser exercido nos limites impostos pela lei, sob pena de causar declaração judicial da sua ilegalidade.

Guarda. Em sentido genérico, exprime proteção, observação, vigilância ou administração. Em sentido especial do *Direito Civil* e do *Direito Comercial*, significa a obrigação imposta a certas pessoas de zelar pela conservação de bens que lhes são confiados, ou de proteger determinadas pessoas que se encontram sob sua chefia ou direção.

Guarda-Civil. Corporação de ordem policial, existente nas cidades, com a incumbência de vigiar pela ordem pública, orientando também os veículos e pedestres no trânsito urbano.

Habeas Corpus. Instituto jurídico e garantia constitucional cuja finalidade principal é a de proteger o direito individual de liberdade de locomoção ou de permanência num local, no caso de se ver ameaçado por ilegalidade ou abuso de poder.

Habeas Data. Garantia constitucional dos direitos inerentes à intimidade, à vida privada, à honra e à imagem dos indivíduos, da qual decorre a obrigação de prestação ou retificação de informações, sobre a pessoa de seu impetrante, por entidades públicas que, supostamente, contenham tais informações.

Hábil. Qualidade jurídica que se atribui à pessoa, a fim de que possa adquirir direitos ou contrair obrigações.

Habilitação. Soma de diligências ou atos praticados segundo os princípios legais, para que uma pessoa adquira a capacidade ou habilidade necessária para cumprir certos desígnios jurídicos, isto é, para praticar livremente atos jurídicos ou para assumir a direção de direitos, sem quaisquer restrições.

Habilitação de Crédito. No processo falimentar, é a apresentação, por parte de cada um dos credores, das provas de seus créditos. No processo de insolvência civil, é o ato judicial convocatório dos credores.

Habilitação Incidente. Segundo o *Direito Processual Civil*, é a substituição de uma das partes na ação, motivada por seu falecimento.

Habitação Coletiva Multifamiliar. Cortiço ou casa de cômodos, cuja disciplina jurídica no tocante à locação é apresentada pela *Lei do Inquilinato*.

Habitualidade Judicialmente Reconhecida. No *Direito Penal*, o juiz pode reconhecer como criminoso habitual aquele que, embora sem condenação anterior, comete sucessivamente, em determinado período, quatro ou mais crimes da mesma natureza, puníveis com pena privativa de liberdade e que demonstra, por suas condições de vida e pelas circunstâncias de fato, acentuada inclinação para tais crimes.

Hasta Pública. Praça, arrematação, venda judicial de imóveis.

Herança. Conjunto de todos os bens deixados por pessoa falecida. Todo o patrimônio ativo e passivo deixado pelo defunto.

Herdeiro. Pessoa que, na qualidade de parente ou de legítimo sucessor, é convocada a receber os bens deixados pelo *de cujus*.

Na linguagem jurídica atual, é toda pessoa que, a título universal, vier a suceder a pessoa falecida, seja por força de lei, o herdeiro legítimo, seja por testamento, o herdeiro testamentário.

Herdeiro Legítimo. É o herdeiro natural, aquele que é reconhecido pela lei e como tal é convocado para partilhar da herança.

Herdeiro Póstumo. É o que nasce depois da morte do sucedendo, ao qual a lei assegura os direitos de herdeiro, mesmo antes de nascer.

Herdeiro Presuntivo. É o herdeiro pressuposto ou provável.

Herdeiro Testamentário. Aquele que é instituído por testamento, mesmo que não exista qualquer vínculo de parentesco entre o falecido e o sucessor.

Herdeiro Universal. Herdeiro único. Aquele que sucede a pessoa falecida em todos os seus bens e direitos.

Hermenêutica Jurídica. Conjunto de princípios gerais que devem ser respeitados e seguidos na interpretação da lei aplicada a caso concreto.

Heteronomia da Norma Jurídica. Característica que torna obrigatória a norma jurídica, impondo-se à vontade de seus destinatários, sem depender da aceitação destes.

Hipoteca. Penhora. Bem entregue pelo devedor, por exigência do credor, como garantia de uma obrigação.

Homicídio. Toda ação praticada por alguém, da qual resulte a morte de outra pessoa. Destruição da vida de um ser humano por ato voluntário, seja ação, seja omissão, praticado por outro ser humano.

Honorários de Advogado. Remuneração que a parte vencida em pleito judicial é condenada a pagar ao advogado da parte contrária.

Honra. Sentimento de dignidade própria que leva o indivíduo a procurar merecer e manter a consideração geral. Dignidade da pessoa que norteia sua vida pelos ditames da moral.

Idade Legal. Idade prevista pela lei para o exercício de certos direitos ou para sua extinção e, também, para o cumprimento de certos deveres ou encargos.

Identidade. Conjunto de características pessoais que servem para individualizar o ser humano. Soma de caracteres que individualizam uma pessoa. A identidade se distingue em física e civil.

Ideologia. Ciência da formação das ideias. Sistema de ideias. Em sentido político, designa a soma de princípios reguladores de uma ordem político-administrativa, os quais não podem se afastar da ideias instituídas como fundamentais.

Idiota. Indivíduo cujo estado mental é de ignorância total ou de grave atraso, não tendo compreensão exata das coisas. Juridicamente, é uma pessoa incapaz.

Idoneidade. Boa reputação ou bom conceito de que goza uma pessoa. No sentido mercantil, designa a posição econômica da pessoa que está em condições de responder por uma obrigação ou pelos encargos que possam recair sobre ela.

Ignorância. Ausência de conhecimentos ou falta de noções a respeito de qualquer fato ou de qualquer coisa. Privação da ideia ou de juízo relativamente a uma coisa, pelo que dela não se tem ciência ou nada sobre ela se sabe. Não deve ser confundida com erro, pois neste há conhecimento, embora falso, não condizente com a realidade.

Ignorância da Lei. Desconhecimento da lei, da regra jurídica que deve ser aplicada ao caso em espécie, a qual, assim, se desprezou. Todavia, em Direito, domina o princípio segundo o qual a ignorância da lei não exime ninguém de culpa.

Ilícito. Tudo o que é proibido ou vedado pela lei. Ato ou fato que resulta numa violação do direito ou em dano causado a outrem, seja por dolo, seja por fraude.

Ilícito Penal. Crime, delito.

Imbecilidade. Estado da pessoa que, não tendo atingido um desenvolvimento cerebral completo, mostra-se de inteligência fraca ou de restrita compreensão. Tal estado torna a pessoa juridicamente incapaz.

Imóvel Rural. Terreno ou prédio destinado à exploração extrativa agrícola, pecuária ou agroindustrial.

Impeachment. Segundo o *Direito Constitucional*, é o procedimento que visa a interromper o exercício do mandato do Presidente da República, Governador ou Prefeito, por razões que o impeçam de continuar no cargo.

Impedimento Legal. Obstáculo ou proibição imposta por lei, para a prática de certos atos jurídicos.

Impedimento Matrimonial. Causa ou razão inscrita em lei, pela qual se veda o casamento entre as pessoas nela mencionadas.

Impenhorabilidade. Benefício outorgado pela lei a certos bens, em virtude do qual eles não podem ser atingidos pela penhora, ficando, por isso, a salvo de qualquer apreensão, em execução judicial.

Imposto. Tributo. Prestação ou contribuição devida por toda pessoa física ou jurídica ao Estado para a formação da receita necessária para suprir as despesas com os serviços prestados e com a manutenção de sua própria existência. É a porção de dinheiro com que, a título de encargo permanente e geral, cada cidadão contribui para o erário público.

Imposto de Importação. Tributo de competência da União que tem como fato gerador a entrada de produto estrangeiro em território nacional.

Imposto sobre a Propriedade de Veículos Automotores (IPVA). Tributo de competência dos Estados e do Distrito Federal que incide sobre veículos.

Imposto sobre a Propriedade Predial e Territorial Urbana (IPTU). Tributo de competência dos municípios, cujo fato gerador é a propriedade, o domínio útil ou a posse de bem imóvel localizado na zona urbana.

Imposto sobre a Propriedade Territorial Rural. Tributo de competência da União que tem como fato gerador a propriedade, o domínio útil ou a posse de bem imóvel localizado fora da zona urbana do município.

Imposto sobre a Renda e Proventos de Qualquer Natureza. Tributo mais conhecido como Imposto de Renda, de competência da União. Tem como fato gerador a aquisição da disponibilidade econômica ou jurídica de renda, assim entendido o produto do capital, do trabalho ou da combinação de ambos, bem como de proventos de qualquer natureza.

Imposto sobre Exportação. Tributo de competência da União, cujo fato gerador é a saída de produtos nacionais ou nacionalizados para o exterior.

Imposto sobre Grandes Fortunas. Tributo de competência da União ainda dependente de regulamentação mediante lei complementar.

Imposto sobre Operações Relativas à Circulação de Mercadorias e sobre Prestações de Serviços de Transporte Interestadual e Intermunicipal e de Comunicação (ICMS). Tributo de competência dos Estados e do Distrito Federal que consiste numa ampliação do antigo imposto sobre circulação de mercadorias, ICM, absorvendo os impostos sobre transportes interestaduais e intermunicipais e os de comunicações.

Imposto sobre Produtos Industrializados (IPI). Tributo de competência da União que incide sobre a produção de mercadorias industrializadas. Considera-se industrializado o produto que tenha sido submetido a qualquer operação que lhe modifique a natureza ou a finalidade, ou o aperfeiçoe para o consumo.

Imposto sobre Serviços de Qualquer Natureza (ISS). Tributo de competência dos municípios cujo fato gerador é a prestação de serviços por empresa ou profissional autônomo, com ou sem estabelecimento fixo.

Imposto sobre Transmissão *Causa Mortis* e Doação. Tributo de competência dos Estados e do Distrito Federal, cujo fato gerador é a transmissão *causa mortis* de imóveis e a doação de quaisquer bens ou direitos.

Imposto sobre Transmissão *Inter Vivos* de Imóveis. Tributo de competência dos municípios incidente sobre a transmissão onerosa de bens imóveis e sobre direitos reais sobre imóveis.

Impugnação. Ato de repulsa, de contestação, de contradita praticado contra atos do adversário ou da parte contrária, com o objetivo de anular ou desfazer suas alegações ou de impedir que promova ato processual demonstrado ou julgado injusto.

Imputabilidade. Possibilidade lógica de se atribuir determinada coisa a pessoa certa, ou seja, de se atribuir a alguém a autoria e a consequente responsabilidade de uma infração à lei.

Imunidade. Privilégio outorgado a alguém para que se livre ou se isente de certas imposições legais, em virtude do que não é obrigado a fazer ou a cumprir certos encargos ou certas imposições determinadas em caráter geral.

Imunidade Fiscal. Preceito constitucional que veda a imposição de tributos sobre um bem, negócio, fato ou pessoa. Não deve ser confundida com isenção fiscal.

Imunidade Parlamentar. Prerrogativa constitucional conferida ao Poder Legislativo para garantir o livre exercício das funções parlamentares. É um atributo do próprio Poder Legislativo como um todo, não um atributo individual dos parlamentares.

Inafiançável. Qualidade daquilo que não pode ser sujeito a fiança ou não é passível de fiança. No *Direito Penal*, assinala os crimes que não admitem fiança, logo, não podem ser afiançados.

Incapacidade Jurídica. Inaptidão para o exercício de direitos determinados pela lei. Reconhecimento de que uma pessoa não apresenta os requisitos que a lei considera indispensáveis para o exercício dos direitos.

Incesto. Conjunção carnal mantida entre homem e mulher parentes por consanguinidade, em grau vedado ao casamento. O casamento incestuoso é absolutamente nulo.

Incorporação de Sociedades. Operação pela qual uma ou mais sociedades são absorvidas por outra, que as sucede em todos os direitos e obrigações.

Incorporação Imobiliária. Atividade exercida com o intuito de promover e realizar, em sistema de condomínio, edificações compostas de unidades autônomas.

Incorporador. Pessoa física ou jurídica que, embora não realizando a construção, efetua a venda de frações ideais de terreno, objetivando a vinculação de tais frações a unidades autônomas, em edificações a serem construídas ou em construção sob regime condominial.

Indeferimento. Ato de despachar desfavoravelmente o que foi requerido.

Indicação Geográfica. Termo referente à *Propriedade Industrial* para indicar a procedência ou a denominação de origem de determinado produto ou serviço cujas qualidades ou características se devem essencialmente ao meio geográfico, incluídos fatores naturais e humanos.

Indiciado. No *Direito Processual Penal*, é o indivíduo de quem se apura durante o inquérito policial, com base em sinais, circunstância ou vestígios, a prática de uma infração penal.

Indício. Para o *Direito Processual Penal* é a circunstância conhecida e provada que apresenta relação com o fato investigado e autoriza, por indução, a concluir pela existência de outras circunstâncias.

Indisponibilidade. Qualidade atribuída às coisas que, sob encargo ou ônus da inalienabilidade, não podem ser vendidas nem alheadas sob qualquer pretexto.

Indulto. Modo de extinção da punibilidade, sem que a medida faça referência expressa a cada beneficiado e sem que cessem todos os efeitos da condenação.

Inépcia da Petição Inicial. Vício existente na petição inicial, tornando-a confusa, contraditória, inconcludente ou absurda, portanto inapta a produzir os efeitos desejados.

Infanticídio. Morte de um filho durante o parto ou logo após, provocada pela própria mãe, sob influência do estado puerperal.

Iniciativa Popular. Segundo o *Direito Constitucional*, é o instituto de *Direito Público* mediante o qual os cidadãos têm participação direta na iniciativa da elaboração de leis.

Injúria. Crime contra a honra cometido por ofensa verbal ou escrita, ou por ato físico, contra a dignidade ou o decoro de alguém.

Inquérito. Conjunto de atos e diligências realizadas com o objetivo de apurar alguma coisa ou investigar o que há de verdade sobre determinada matéria.

Inquérito Policial. Procedimento destinado a reunir elementos acerca de uma infração penal, com o objetivo de levar dados ao titular da ação penal para que possa ingressar em juízo, solicitando a aplicação da lei ao caso concreto.

Inquilino. Ocupante de imóvel cedido por locação, responsabilizando-se pelas obrigações contratuais.

Insolvência. Impossibilidade de pagamento, quando as dívidas excedem ao montante dos bens do devedor.

Inspeção Judicial. Observação direta de fatos, pessoas e coisas envolvidas na lide, realizada pelo juiz com o objetivo de se esclarecer e formar convicção.

Instância. O próprio juízo, enquanto a demanda é proposta e decidida. O termo tem dois sentidos: o de ordem ou grau de hierarquia judiciária, indicando os juízos que sucessivamente tomam conhecimento da causa e proferem as sentenças, e o de foro da causa, discussão do pedido contraditório do autor e do réu, indicando a fase litigiosa do processo, em que se praticam os atos necessários ao esclarecimento da causa.

Instrução Criminal. Providências destinadas a preparar o juiz para o julgamento, em especial as relativas às provas e perícias. Por ser contraditória, a instrução é iniciada com o interrogatório do acusado.

Instrumento de Contrato. Documento que formaliza o acordo de vontades entre as partes, denominado contrato.

Interdição. Proibição relativa à prática ou execução de certos atos, ou à privação de certas faculdades. Medida judicial que proíbe alguém de tomar decisões sobre sua pessoa e seus bens.

Interinidade. Exercício provisório de cargo ou função, em substituição do ocupante efetivo, quando este se encontrar impedido, na vaga deixada pelo ocupante efetivo, ou em cargo vago na classe inicial da carreira.

Interpelação Judicial. Procedimento que consiste em expressar formalmente uma vontade, com o objetivo de prevenir responsabilidades e eliminar a possibilidade de alegação futura de ignorância.

Interpretação da Lei. Revelação do verdadeiro significado de um texto legal quando aplicado aos casos concretos, em cada circunstância histórica.

Intervenção de Terceiro. No *Direito Processual Civil*, é a participação de terceiro no processo, com a finalidade de assistir uma das partes.

Inter Vivos. Entre vivos. Ato jurídico realizado entre pessoas vivas. Por exemplo, doação *inter vivos*.

Intimação. Ordem de autoridade pública apresentada a alguém para que faça ou deixe de fazer algo. Não se deve confundir com citação, que é apenas uma comunicação para que alguém compareça em juízo para responder aos termos de uma ação.

Intuitu Familiae. Locução latina que significa a locação de imóvel em que o inquilino mora com parentes. Se vier a falecer ou deixar o imóvel por motivos imperiosos, a locação prosseguirá com seus parentes.

Inventário de Bens. Ato judicial destinado a relacionar, avaliar, partilhar e distribuir os bens de pessoa falecida entre seus herdeiros ou legatários.

Irresponsabilidade. Falta de responsabilidade ou qualidade de irresponsável. O *Direito Penal* considera os menores de dezoito anos como penalmente irresponsáveis, estando sujeitos às normas estabelecidas na legislação especial. Em virtude de circunstâncias psicopatológicas reconhecidas por lei como extintivas da responsabilidade, certas pessoas, devido a alguma doença mental, não podem ser punidas pela prática de um delito ou responsabilizadas civilmente por qualquer fato punível ou reparável.

Irretratabilidade. Caráter especial de que se revestem certos atos jurídicos, em virtude de disposição legal ou de convenção entre as partes, que os torna insuscetíveis de serem desfeitos ou revogados pela simples vontade do agente ou das partes.

Irretroatividade da Lei. Princípio segundo o qual uma lei nova não pode voltar ao passado, não considerando situações já consolidadas na vigência da lei anterior. Seus dois maiores fundamentos são a segurança e a certeza nas relações jurídicas, devidamente representados pela integridade do ato jurídico perfeito, do direito adquirido e da coisa julgada.

Isenção Fiscal. Dispensa legal do pagamento de um tributo, que pode ser extinta mediante lei ordinária.

Isonomia. Princípio que consagra a igualdade jurídica de todos perante a lei.

Iter Criminis. O caminho do crime. A rota do crime, o roteiro, ou seja, o conjunto de atos preordenados, levados a efeito pelo criminoso, iniciando com o plano e concluindo na consumação do crime.

J

Jacente. No *Direito das Sucessões*, termo que designa a herança que não tem herdeiros legítimos ou com direito a ela ou a herança cujos herdeiros são desconhecidos.

Jazida. Local situado na superfície ou no subsolo em que se encontram minérios de valor econômico. É um bem móvel, distinto do solo em que existe, constituindo uma propriedade distinta deste.

Jogo. Para o *Direito Civil*, é uma disputa aleatória e voluntária em que os concorrentes prometem pagar ao vencedor um preço previamente ajustado. Todavia, por ensejar uma obrigação natural, não obriga ao pagamento, a menos que o jogo tenha sido instituído legalmente.

Jogo de Azar. Espécie de jogo em que vantagem e desvantagem dependem única e exclusivamente do acaso, constituindo contravenção penal.

Jornada de Trabalho. Segundo o *Direito do Trabalho*, é o período de tempo, a duração diária em que o empregado exerce a sua função no trabalho ou se encontra à disposição do empregador para executá-la.

Juiz. Pessoa que, investida de autoridade pública, administra a justiça, em nome do Estado.

Juiz Leigo. Aquele que, embora não sendo bacharel em Direito e não tendo prestado concurso, está investido de poder de decisão nos casos estabelecidos na lei. Exemplos: o juiz classista ou vogal e o juiz de paz.

Juiz Natural. Magistrado agregado ao Poder Judiciário, revestido das garantias e de competência anteriores aos casos que vier a decidir.

Juiz Togado. Magistrado graduado em Direito e aprovado em concurso de provas e títulos para o ingresso na magistratura, ou a esta guindado nos termos da lei.

Juizado. Repartição onde está instalado o juízo e onde o juiz dá seus despachos e suas audiências.

Juizados Especiais Cíveis e Criminais. Órgãos da Justiça Ordinária, criados pela União no Distrito Federal e nos Territórios e pelos Estados para conciliação, processo, julgamento e execução das causas cíveis de menor complexidade e infrações penais de menor potencial ofensivo.

Juízo Arbitral. Juízo que se instaura pela vontade das partes contendoras, firmado em compromisso por elas instituído. Ver *Arbitragem*.

Juntada. Na técnica forense, ato pelo qual se une ao processo um documento ou uma peça que lhe era estranha e passa a fazer parte dele, integrando-se em seus autos.

Junta de Conciliação e Julgamento. Órgão de primeira instância da Justiça do Trabalho, caracterizado pela colegialidade, visto que nele atuam um juiz presidente, togado, e dois vogais, juízes classistas, um dos quais representa a classe patronal, e o outro, a classe trabalhadora.

Juntas Comerciais. Órgãos integrantes do Registro Público de Empresas Mercantis e Atividades Afins, com funções executora e administradora dos serviços de registro.

Jurado. Cidadão convocado a participar, mediante juramento, do Tribunal do Júri para deliberar a respeito dos fatos submetidos à sua apreciação.

Juramento. Afirmação ou promessa solene, feita sob invocação da própria consciência ou de uma divindade, ou de coisa sagrada.

Júri. Instituição jurídica formada por homens de bem, aos quais se atribui o dever de julgar acerca de fatos levados ou trazidos a seu conhecimento. Compõe-se de um juiz presidente e 21 jurados, dos quais sete serão sorteados para compor o conselho de sentença.

Jurisdição. Prerrogativa de aplicar o Direito conferida exclusivamente aos membros do Poder Judiciário.

Jurisdição Voluntária. Espécie de jurisdição em que não existe conflito de interesses, pois todos visam ao mesmo objetivo.

Jurisprudência. Orientação uniforme dos tribunais na decisão de casos semelhantes.

Juros. Termo que designa a remuneração do capital, é o lucro limitado a uma taxa prefixada ou pós-fixada a que o credor faz jus pelo dinheiro emprestado ou pelo capital empregado.

Justiça. O que se faz conforme o Direito ou segundo as regras prescritas em lei. A prática do justo ou a razão de ser do próprio Direito, visto que por ela se reconhece a legitimidade dos direitos e se estabelece o império da lei.

Justificação. Em *Direito Processual Civil*, é o procedimento cautelar específico consistente na oitiva de testemunhas, visando demonstrar a existência de fato ou relação jurídica, seja para simples documento e sem caráter contencioso, seja para servir de prova em processo regular.

Justo Título. Ato ou fato jurídico hábil para adquirir-se ou transferir-se a propriedade, como a sucessão hereditária.

Lacuna da Lei. Omissão involuntária, detectada no texto de uma lei, da regulamentação de determinada espécie de caso. Tal omissão é resolvida mediante técnicas de integração, tais como a analogia, o costume e os princípios gerais do Direito.

Ladrão. Na técnica jurídica, a pessoa que desvia ou se apodera de qualquer maneira de bens alheios. O agente do crime de roubo ou furto.

Lançamento Fiscal. Procedimento administrativo destinado a verificar a caracterização do fato gerador do tributo e determinar o montante a ser recolhido pelo contribuinte.

Latifúndio. Segundo o *Direito Agrário*, é a propriedade rural de grande extensão, pertencente a um só proprietário.

Latrocínio. Forma agravada de roubo, caracterizada pela violência ou ameaça com emprego de arma, havendo o concurso de duas ou mais pessoas.

Laudêmio. Prêmio ou compensação paga pelo foreiro ao senhorio direto, quando ocorre a alienação do respectivo prédio enfiteuta.

Leasing. Arrendamento mercantil, contrato pelo qual uma pessoa jurídica arrenda um bem a uma pessoa física ou jurídica, por tempo determinado, cabendo ao arrendatário a opção de adquirir esse bem ao fim do contrato.

Legado. Parte da herança deixada pelo testador a quem não é herdeiro.

Legalização. Ato de tornar legal, de autenticar, de munir a ação jurídica de todos os requisitos exigidos por lei para a sua validade.

Legatário. Pessoa favorecida por um legado, isto é, aquele que é instituído sucessor pela pessoa falecida, mesmo não sendo herdeiro.

Legislador. Pessoa que integra um corpo legislativo ou a instituição a que se atribui o poder de legislar ou ditar as leis do país.

Legítima. No *Direito das Sucessões*, a parte da herança que cabe a cada herdeiro, a qual não pode ser disposta de outra forma pelo testador que, no entanto, pode gravá-la com a cláusula de inalienabilidade ou outros ônus. Só no caso da deserdação o herdeiro pode ser privado da legítima.

Legítima Defesa. Para o *Direito Penal*, é a utilização moderada dos meios necessários para repelir agressão injusta, atual ou iminente, contra a própria pessoa ou contra outrem.

Legítima Defesa da Posse. Segundo o *Direito Civil*, é a prerrogativa legal que assiste ao possuidor de defender, pela força, e de imediato, sua manutenção ou restituição na posse de um bem, em caso de turbação ou esbulho.

Legítimo Interesse. Para o *Direito Civil*, interesse que justifica a propositura da ação ou a resposta a esta por parte do réu.

Lei. Regra jurídica escrita, preceito obrigatório de conduta, instituído pelo legislador, no cumprimento de um mandato que lhe foi outorgado pelo povo.

Leigo. No *Direito Canônico*, pessoa que, embora pertencente à comunidade cristã, não recebeu qualquer espécie de ordem eclesiástica. Para a técnica profissional, é a pessoa não habilitada legalmente em uma profissão liberal ou de ordem técnica.

Leilão Judicial. Espécie de arrematação que se realiza a mando do juiz para a venda de bens que estejam sob administração da justiça e que devem ser vendidos para o cumprimento de dispositivos legais.

Leiloeiro. Auxiliar autônomo do comerciante, matriculado regularmente em Junta Comercial, que realiza vendas públicas mediante pregão em assembleia de concorrentes.

Lesão Corporal. Ofensa ou dano à integridade física ou à saúde de uma pessoa.

Letra de Câmbio. Ordem de pagamento passada pelo emitente ao sacado para que pague ao beneficiário a importância constante no título.

Libelo Acusatório. No Tribunal do Júri, é o documento em que o promotor de justiça apresenta o nome do réu, o fato criminoso em todas as circunstâncias que devem influir na fixação da pena e a especificação da pena que ele julgar cabível.

Libidinagem. No sentido do *Direito Penal*, é a conjunção carnal ilícita, a relação sexual extraconjugal, seja ou não acompanhada de atos reprováveis de excitação luxuriosa.

Licença-Maternidade. Período de descanso concedido pela lei à empregada gestante, a ser desfrutado antes e depois do parto.

Licença-Paternidade. Período de descanso concedido ao empregado, por ocasião do nascimento de seu filho.

Licitação. No *Direito Administrativo*, é o procedimento pelo qual a Administração Pública procura conseguir a proposta mais vantajosa para a execução de obras e serviços, compra de materiais e gêneros ou alienação de bens de seu patrimônio. Para o *Direito Processual Civil*, é a proposta de arrematação que o licitante faz por ocasião de leilão ou hasta pública.

Lide Pendente. Ação judicial que tramita entre a citação e a sentença final e definitiva.

Liminar. Ordem judicial que determina uma providência antes da discussão do feito, para resguardar direitos.

Liquidação da Sentença. Ato cuja finalidade é a de determinar exatamente o valor, a espécie e a quantidade das coisas que ficaram indefinidas pela sentença e que, em virtude da execução, o condenado deve pagar ou entregar.

Litisconsórcio. Reunião de vários interessados no mesmo processo, na qualidade de autores ou de réus, na defesa de interesses comuns.

Litiscontestação. Legítima contradição oposta em justiça pelas partes, que vêm à presença da autoridade judiciária, em defesa de seus direitos, para que esta possa tomar conhecimento das razões e direitos alegados.

Litispendência. Estado da lide ou do processo que ainda não foi decidido ou terminado, pendente de decisão judicial.

Livramento Condicional. Concessão judicial de antecipação da liberdade ao réu que já tenha cumprido determinado período da pena de reclusão.

Livre Arbítrio. O princípio da liberdade absoluta da vontade na escolha do que se quer ou não fazer.

Livros Comerciais. Livros de escrituração destinados ao registro das operações realizadas pelo comerciante. Apenas o Diário é obrigatório atualmente.

Locação. Contrato pelo qual uma das partes se compromete a ceder à outra, por tempo determinado e preço certo, o uso e gozo de um bem não fungível.

Locação não Residencial. Denominação dada na lei à locação de imóvel para fins comerciais.

Locação para Temporada. Locação de imóvel destinado à residência temporária do inquilino, por prazo não superior a noventa dias.

Locador. Pessoa que aluga, cede um bem a um locatário. Se o bem é um imóvel, o locador é também denominado senhorio.

Lucro Cessante. Lucro de que alguém foi privado e que deveria acrescer ao seu patrimônio, em virtude de impedimento decorrente de fato ou ato ilícito, não acontecido ou praticado por sua vontade.

Luvas. Importância que o inquilino paga ao locador, independentemente do aluguel, para conseguir um contrato de locação comercial.

M

Madrasta. Situação da mulher que se casa com viúvo, em relação aos filhos do primeiro matrimônio deste, os quais são enteados dela.

Má-Fé. Para o *Direito Processual Civil*, é o ânimo de enganar alguém ou de tumultuar o processo por parte do litigante.

Maioridade Civil. Prerrogativa conferida pela lei a quem completar vinte e um anos de idade, habilitando-o para a prática de todos os atos da vida civil.

Mancebia. União permanente e vida em comum de homem e mulher sem serem casados. Concubinato.

Mandado. Ordem judicial em que o juiz obriga, manda que se tome medida coativa contra seu destinatário.

Mandado de Busca e Apreensão. Ordem do juiz mandando que se apreenda coisa em poder de outrem ou existente em certo lugar, para ser trazida a juízo e aí ficar sob custódia do próprio juiz.

Mandado de Injunção. Garantia constitucional formalizada num procedimento em que se visa a uma ordem judicial que determine a órgão administrativo a efetivação de um direito subjetivo ainda não regulamentado.

Mandado de Prisão. Ordem escrita do juiz competente, determinando a prisão de alguém denunciado por crime inafiançável ou já condenado por crime que lhe foi imputado.

Mandado de Segurança. Ação intentada pela pessoa física ou jurídica no sentido de lhe ser assegurado um direito certo e incontestável, ameaçado ou violado por ato de autoridade, manifestamente inconstitucional e ilegal. Também significa a ordem emanada do juiz, em virtude do deferimento do pedido, para que se suspenda o ato, ou seja, o mesmo revogado.

Mandatário. Pessoa que, investida de poderes outorgados pelo mandante, executa atos ou efetiva negócios em nome daquele de quem recebeu os poderes. Executor dos atos ordenados ou autorizados pelo mandante, que arca com a responsabilidade deles.

Mandato. Contrato pelo qual um mandante determina a um mandatário ou procurador que atue em seu nome, praticando os atos necessários para tanto.

Mandato Imperativo. Designação do mandato em que o mandante estabelece nele a forma de execução que deve ser literal e estritamente obedecida pelo procurador.

Mandato Irrevogável. Mandato que contém a cláusula que impede a sua revogação pelo mandante.

Manicômio Judiciário. Hospital em que se recolhem os sentenciados ou criminosos condenados, acometidos de alienação mental.

Marca. Sinal distintivo colocado em produtos e artigos industriais para identificá-los e diferenciá-los de outros da mesma espécie. O *Código de Propriedade Industrial* considera quatro espécies de marca: marca de indústria, marca de comércio, marca de serviço e marca genérica.

Mar Territorial. Faixa de mar exterior, que orla e cinge as costas territoriais de um Estado, sobre a qual tem jurisdição e pode fazer respeitar a sua soberania. No Brasil, a faixa é de duzentas milhas marítimas de largura, medidas a partir da linha da baixa-mar do litoral continental e insular brasileiro.

Massa. Totalidade dos bens e dívidas de pessoa falida. Conjunto dos credores de pessoa falida ou insolvente. No primeiro caso, se fala de massa falida; no segundo, massa de credores.

Meação. Condomínio de metade por metade entre dois proprietários do mesmo bem. Direito que uma pessoa tem, em relação a outra, à metade dos bens possuídos em comunhão.

Mediação. Ato de intervenção de uma pessoa em negócio ou contrato que se realiza entre outras. Quem faz a mediação chama-se intermediário, pois apenas aproxima os interesses das partes para a concretização do negócio ou do contrato.

Medida Cautelar. Ato forense ou processo intentado por uma pessoa, para prevenir, conservar ou defender direitos. Medida que visa assegurar a eficácia futura do processo principal com que se acha relacionada.

Medida de Segurança. Sanção penal de natureza essencialmente preventiva, consistente na internação ou no tratamento ambulatorial, cujo objetivo é impedir que o criminoso de alta periculosidade venha a delinquir novamente.

Medida Provisória. Diploma legal de competência exclusiva do Poder Executivo Federal, que pode ser emitido em casos de relevância e urgência, dotado de força de lei, mas sujeito a ratificação pelo Congresso Nacional.

Memoriais. Documentos escritos pelas partes, apresentando suas razões, após a instrução do processo, quando a causa apresentar questões complexas de fato ou de direito.

Menor. Indivíduo que, em razão da idade, ainda não alcançou a capacidade jurídica plena, não podendo exercer, pessoalmente, seus direitos nem ser responsabilizado quanto a deveres inerentes ao maior de idade.

Menor Abandonado. O menor que se encontra sem assistência, que não recebe de sua família ou de outrem um trato ou a vigilância própria à sua idade.

Microempresa. Pessoa jurídica ou firma individual cuja receita bruta anual não ultrapasse o patamar traçado pela lei. Segundo a Constituição Federal, a microempresa deve receber tratamento jurídico diferenciado por parte do poder público.

Ministério Público. Órgão incumbido de defender os interesses da sociedade e de fiscalizar a aplicação e a execução das leis.

Moção de Confiança. Nos regimes parlamentaristas, manifestação formal de apoio do Parlamento ao Gabinete. Se a moção for retirada, o Gabinete deve renunciar ou dissolver o Parlamento e marcar novas eleições.

Modelo de Utilidade. Objeto de uso prático, ou parte deste, suscetível de aplicação industrial, que apresenta nova forma ou disposição, envolvendo ato inventivo de que resulta melhoria funcional no seu uso ou fabricação.

Monarquia. Sistema vitalício e hereditário de governo em que o poder político está concentrado nas mãos de uma só pessoa que o exerce individualmente ou o delega.

Monogamia. Regime matrimonial em que o homem e a mulher só podem ter um cônjuge, enquanto perdurar o casamento.

Monoparentalidade. Diz-se do homem ou da mulher que assume só o encargo de cuidar de um ou mais filhos. No caso da mulher, ela é então mãe e chefe de família ao mesmo tempo.

Monte Líquido ou Partível. No *Direito das Sucessões*, o total dos bens do espólio, após a dedução do passivo.

Montepio. Instituição formada com o objetivo de dar às pessoas que nela ingressam, mediante uma contribuição mensal ou como for estabelecido, assistência em caso de moléstia ou uma pensão à família, em caso de morte.

Mora. Adiamento, falta de execução ou cumprimento de uma obrigação no prazo em que se torna exigível.

Moratória. Dilatação de prazo concedida pelo credor a seu devedor para que cumpra a obrigação já vencida ou por vencer.

Morte. Término da existência terrena, com cessação definitiva das funções cerebrais de uma pessoa, pondo fim à sua capacidade jurídica.

Morte Civil. Perda de todos os direitos inerentes à personalidade, sendo integralmente abolida a capacidade jurídica do réu.

Morte Presumida. Imposição da lei pela qual a pessoa ausente por determinado tempo é considerada morta a fim de se abrir a sucessão hereditária.

Motim de Presos. Crime contra a administração da Justiça, definido pelo *Direito Penal* como ato pelo qual os presos se revoltam, perturbando a ordem ou a disciplina da prisão.

Motivo Fútil. No *Direito Penal*, é o motivo insignificante, injustificável da prática de um crime, demonstrando a periculosidade do agente, e tornando-se circunstância agravante.

Motivo Torpe. Segundo o *Direito Penal* é o motivo vil, repulsivo e abjeto que demonstra a maldade e perfídia do delinquente, tornando-se circunstância agravante do crime.

Multa. Pena pecuniária de natureza civil, penal ou tributária imposta à pessoa, por infração à regra ou ao princípio de lei, ou ao contrato.

Município. Pessoa jurídica de direito público interno, dotada de autonomia político-administrativa e célula básica do Estado federal brasileiro.

Muro Comum. Parede divisória de dois imóveis, a qual enseja uso comum dos proprietários confinantes.

Mútuo. Contrato pelo qual alguém transfere a outrem a propriedade de um bem fungível, com a obrigação correspondente de pagar bem do mesmo gênero, qualidade e quantidade. O objeto mais comum deste contrato é o dinheiro.

N

Nação. País. Agrupamento de pessoas, geralmente fixadas num território, ligadas por origem, tradições e lembranças, costumes, cultura, interesses e aspirações e, em geral, por uma língua.

Nacionalidade. Vínculo jurídico que liga o indivíduo ao Estado, em razão do local de nascimento, da ascendência paterna ou da manifestação de vontade do interessado.

Nascimento. Momento em que todos os seres, gerados ou produzidos, têm o seu começo. Fato que marca o início da personalidade do ser humano.

Nascituro. Ser humano já concebido, gerado, e que ainda se acha no ventre materno.

Naturalização. Ato pelo qual o estrangeiro renuncia sua nacionalidade de origem e adota, segundo as leis vigentes, a de outro país.

Necessidade Pública na Desapropriação. Situação inadiável de emergência que exige, por parte da Administração Pública, a transferência imediata, para esta, de um bem particular.

Necrofilia. Atração mórbida por cadáveres. Perversão sexual que consiste na satisfação do apetite sexual e prática de atos libidinosos com cadáveres. O *Código Penal* classifica este crime como vilipêndio a cadáver.

Necropsia. Exame realizado por médicos-legistas ou peritos nas partes internas de um cadáver para descobrir a natureza das lesões que provocaram a morte da pessoa.

Negócio Jurídico. Ato lícito resultante de uma manifestação de vontade e apto a adquirir, resguardar, transferir, modificar e extinguir direitos.

Nepotismo. Forma de exercício do poder público em que os governantes procuram antes de tudo favorecer seus próprios parentes. Favoritismo praticado em relação aos parentes, na nomeação dos integrantes da administração pública.

Neutralidade. No *Direito Internacional*, define o conceito de posição de imparcialidade tomada por uma nação em face de conflito armado surgido entre outras nações.

Nexo Causal. No *Direito Penal*, a relação de causa e efeito entre a ação do réu e o delito propriamente dito. No *Direito Civil*, a relação de causa e efeito entre o fato e o dano a ser indenizado, na responsabilidade civil.

Nome. Termo que identifica a pessoa natural na vida em sociedade, mediante registro no órgão competente.

Nomeação à Autoria. Indicação do nome da pessoa a quem pertence a coisa demandada para contra ela se fazer a citação judicial, indispensável ao andamento da ação.

Nome Comercial. Denominação adotada por pessoa física ou jurídica, devidamente registrada, pela qual a firma é conhecida pelo público.

Nome de Fantasia. Designação ou denominação adotada pelo comerciante para individualizar a sociedade ou o estabelecimento ou suas mercadorias e produtos.

Norma Jurídica. Preceito obrigatório imposto ou reconhecido como tal pelo Estado.

Norma Penal em Branco. Norma penal cuja eficácia depende de sua complementação por outra norma.

Nota de Culpa. Documento que a autoridade é obrigada a entregar ao preso, na hipótese de flagrante, informando-o do que se alega contra ele, no prazo de 24 horas, mediante recibo.

Nota Promissória. Título de crédito consistente numa promessa de pagamento, lavrada por escrito, referente a uma importância em dinheiro.

Notário. Tabelião de notas, pessoa encarregada de elaborar, no estilo e na forma legais, todos os atos jurídicos e contratos apresentados pelas partes interessadas.

Notificação Judicial. Procedimento de caráter preventivo que consiste na manifestação formal da vontade, com o objetivo de prevenir responsabilidades e eliminar a possibilidade de alegação futura de ignorância.

Novação. Constituição de uma nova obrigação, substituindo a anterior, que fica extinta.

Nua Detenção. Detenção de certas coisas que não produz o efeito jurídico da posse. Os bens e as coisas públicas são regidos pela nua detenção, visto que a apropriação ou ocupação deles jamais tem o efeito jurídico da posse.

Nua Propriedade. Propriedade que não é plena porque o dono está despojado do gozo do bem devido à incidência de ônus de direito real, como o usufruto.

Núbil. Pessoa que está em idade de casar ou que já entrou no período apto à procriação.

Nulidade. Ineficácia de um ato jurídico em virtude de haver sido executado com transgressão à regra legal, de que possa resultar a ausência de condição ou de requisito de fundo ou de forma, indispensável à sua validade.

Nunciação de Obra Nova. Ação especial e de caráter preventivo, destinada a impedir dano em prédio por causa da execução de obra em imóvel vizinho.

Nuncupativo. Denominação dada ao dispositivo do testamento feito oralmente, de viva voz.

Obediência. Cumprimento de dever a que se está obrigado, em consequência de fato que o gera ou de preceito. Respeito ou acatamento que se deve à regra jurídica ou ao princípio legal instituído e também à obrigação fundada em cláusula contratual.

Obra Nova. Edificação urbana ou rural ainda não concluída. Caso prejudique um prédio vizinho, o dono deste poderá embargá-la.

Obrigação. Dever ou necessidade, a que a pessoa está sujeita, de fazer alguma coisa ou de se abster dela, em virtude de sua vontade estar submetida a um princípio superior.

Obrigação Acessória. Obrigação dependente de outra, que lhe serve de fundamento.

Obrigação Alternativa. Obrigação em que existe pluralidade de objetos na prestação, ensejando que o devedor escolha o objeto, desde que a escolha do credor não tenha sido expressamente acordada.

Obrigação a Termo. Obrigação cujo cumprimento só é exigível após o transcurso de um prazo certo ou fixado no próprio contrato.

Obrigação Civil. Obrigação plenamente exigível, caracterizada por uma vinculação jurídica.

Obrigação Conjuntiva. Obrigação em que ocorre acumulação de credores, de devedores ou de prestações.

Obrigação de Dar. Obrigação consistente na entrega de bem móvel ou imóvel ao credor.

Obrigação de Fazer. Obrigação em que o objeto da prestação consiste em o devedor fazer algum ato, como trabalhos manuais ou intelectuais.

Obrigação de não Fazer. Obrigação consistente na abstenção, na omissão de determinados atos.

Obrigação Divisível. Obrigação que enseja prestações que podem ser cumpridas parceladamente.

Obrigação Facultativa. Obrigação que, ensejando apenas uma prestação, dá ao devedor a prerrogativa de substituí-la por outra.

Obrigação Indivisível. Obrigação que não admite cumprimento parcelado.

Obrigação Natural. Também denominada imperfeita, é a obrigação que não conta com a vinculação jurídica que a tornaria coercitiva. O vínculo existente é puramente moral, intermediário entre a obrigação jurídica propriamente dita e o mero dever de consciência.

Obrigação Solidária. Aquela que representa vários credores e devedores, cabendo a cada qual o direito de pleitear todo o crédito, ou o dever de arcar com todo o débito.

Ocultação de Cadáver. Crime contra o respeito aos mortos, consistente em ocultar cadáver ou parte dele.

Ocultação de Recém-Nascido. Crime contra o estado de filiação, consistente em ocultar recém-nascido ou em substituí-lo, suprimindo ou alterando direito inerente ao estado civil.

Ocupação. No *Direito Civil*, é forma de aquisição de propriedade móvel abandonada ou ainda não apropriada, inclusive os semoventes.

Ofendículos. Segundo o *Direito Penal*, é a forma de exercício regular de um direito, com respaldo na inviolabilidade do domicílio, a qual consiste na instalação de meios mecânicos de defesa da propriedade, tais como arame farpado, cacos de garrafas em muros, maçanetas eletrificadas, cercas pontiagudas de ferro.

Oficial de Justiça. Serventuário da Justiça, cuja função é a de desempenhar as diligências judiciais ordenadas pelo juiz ou que lhe forem atribuídas por lei.

Oligarquia. Governo que se encontra em mãos de uma classe aristocrática ou de uma família.

Ombudsman. Termo sueco que denomina o órgão público encarregado da fiscalização do Poder, da Administração Pública, cabendo-lhe também zelar pela fiel aplicação das leis.

Omissão de Socorro. Crime caracterizado pela omissão de assistência, quando possível prestá-la sem risco pessoal, a criança abandonada ou extraviada, a pessoa inválida ou ferida, deixando-as ao desamparo ou em perigo grave e iminente ou não pedindo o socorro da autoridade pública.

Ônus. Obrigação, dever ou encargo que pesa sobre uma coisa ou uma pessoa.

Ônus da Prova. Dever, encargo ou obrigação de atestar a veracidade do fato, nas questões judiciais. O *Código de Processo Civil* prescreve que o ônus da prova incumbe ao autor, quanto ao fato constitutivo do seu direito.

Ônus Real. Encargo ou obrigação que incide diretamente sobre a propriedade, limitando sua fruição e disposição, ou destinando-as a servir de garantias a outras obrigações.

Oposição de Terceiro. No *Direito Processual Civil*, é a intervenção de terceiro em causa alheia, com o objetivo de defender direito próprio.

Oralidade. Procedimento verbal considerado no *Direito Processual* como ideal para a comunicação entre as partes e o juiz, simplificando a tramitação do processo.

Ordem dos Advogados do Brasil (OAB). Órgão representativo da classe dos advogados, com poderes de seleção, disciplinares e de defesa de seus filiados e também de zelo pela ordem jurídica.

Ordenações. Segundo a *História do Direito*, compilações de leis portuguesas que vigoraram de 1446 a 1867, até ser aprovado o primeiro Código Civil de Portugal. No Brasil, foram mantidas até 1916, quando ocorreu a promulgação do *Código Civil*. Reafirmada pelo atual *Código Civil*, promulgado em 2002.

Organização Internacional do Trabalho (OIT). Entidade vinculada à ONU e sediada em Genebra, voltada ao aperfeiçoamento do *Direito do Trabalho* e à sua uniformização.

Outorga Judicial. Autorização de juiz de direito para a prática de certo ato, contrária à recusa de quem a deveria dar.

Outorga Marital. Autorização do marido à mulher para esta alienar bens ou contrair obrigações.

Outorga Uxória. Consentimento dado pela mulher ao marido para alienar, gravar de ônus real bens imóveis, prestar fiança e fazer doação não remuneratória ou de pequeno valor.

P

Paciente. Todo aquele que sofre uma ação ou omissão criminosa, ou sujeito passivo do crime ou aquele que sofre constrangimento ilegal em sua liberdade de ir e vir.

Pacto Antenupcial. Convenção celebrada mediante instrumento público, antes do casamento, pelas partes contratantes, quanto ao regime de bens que vigorará durante sua vida em comum.

Pacto Compromissório. Contrato preliminar pelo qual as partes se comprometem a celebrar contrato futuro.

Pacto de Melhor Comprador. Convenção acessória do contrato de compra e venda de imóvel, pela qual este pode ser desfeito se um terceiro fizer melhor oferta, dentro de um prazo determinado.

Pagamento. Forma de extinção de uma obrigação, efetuada pelo próprio devedor ou por terceiro interessado na solução da dívida.

Paradigma. Empregado cuja situação salarial representa o padrão para a equiparação salarial dos demais.

Parceria Agrícola. Contrato pelo qual uma das partes cede propriedade agrícola a outra, a fim de que esta a cultive, dividindo os lucros na proporção estipulada.

Parceria Pecuária. Contrato pelo qual uma das partes entrega animais à outra, com o objetivo de serem criados, tratados e pastoreados, mediante pagamento de uma cota proporcional aos lucros obtidos.

Parlamentarismo. Regime de governo em que a Chefia do Governo é confiada ao próprio Parlamento, sendo exercida por um Primeiro-Ministro, que comanda o Gabinete. A Chefia de Estado é confiada ao Presidente da República ou ao rei, conforme o caso.

Participação nos Lucros da Empresa. Benefício constitucional concedido ao trabalhador, devendo ela ser desvinculada da remuneração salarial.

Partido Político. Organização cuja finalidade é a de agregar ou arregimentar pessoas para a defesa de um programa e de princípios político-sociais, sobretudo para sufragar os nomes de seus membros aos cargos eletivos.

Partilha. Segundo o *Direito das Sucessões*, é a formação e distribuição dos quinhões a quem de direito, mediante julgamento ou homologação judicial, após o inventário dos bens que serão repartidos.

Passaporte. Licença escrita ou salvo-conduto, isto é, documento oficial expedido pela autoridade administrativa competente, contendo e certificando a identidade da pessoa, autorizando-a a viajar livremente, mesmo para o exterior.

Patente de Invenção. Título de privilégio, carta patente concedida ao autor de uma descoberta de utilidade industrial, garantindo-lhe o uso e gozo exclusivo da exploração de seu invento.

Patrimônio. Conjunto de bens, direitos e obrigações, aplicáveis economicamente, isto é, em dinheiro, pertencente a uma pessoa física ou jurídica e constituindo uma universalidade.

Pátrio Poder. Soma de poderes e direitos legalmente outorgados aos pais sobre os filhos menores e sobre seus bens.

Patrocínio. Termo técnico forense que exprime a ação ou atuação do advogado no processo, em defesa de uma das partes litigantes.

Patrocínio Infiel. Crime contra a Administração da Justiça, cometido por advogado ou procurador que, abusando de suas atribuições, trai o dever profissional, prejudicando um interesse cujo patrocínio lhe é confiado em juízo.

Peculato. Crime contra a Administração Pública, peculiar ao funcionário público, e que consiste na apropriação indevida de dinheiro, valor ou qualquer bem móvel, público ou particular, do qual tenha a posse em razão do cargo, ou no desvio desse bem em proveito próprio ou alheio.

Pedido Alternativo. Na linguagem processual, é aquele que se refere, numa petição inicial, a mais de uma coisa, para que se conceda uma ou outra.

Pedido Genérico. Aquele que não determina a quantidade ou a extensão do direito invocado pela parte e cujo valor será apurado em liquidação.

Pena. Castigo imposto à pessoa por qualquer espécie de falta cometida. No sentido civil, é a multa ou imposição pecuniária devida pelo infrator ou pelo devedor inadimplente. No conceito do *Direito Penal*, é a expiação ou o castigo estabelecido por lei, no intuito de prevenir e de reprimir a prática de qualquer ato ou omissão de fato que atente contra a ordem social, o qual seja qualificado como crime ou contravenção.

Penhora. Ato judicial pelo qual se tomam os bens do devedor, a fim de com eles realizar o pagamento da dívida ou da obrigação executada.

Perempção. Extinção do direito de praticar um ato processual, motivada pela perda de um prazo definido e definitivo.

Perícia. Pesquisa, exame, verificação ou parecer técnico acerca da verdade ou da realidade de certos fatos, executado por pessoa que tenha reconhecida habilidade ou experiência na matéria de que se trata.

Perigo de Contágio Venéreo. Crime consistente na exposição de alguém a contágio de moléstia venérea, mediante relação sexual ou ato libidinoso, quando o agente sabe ou deve saber que se acha contaminado.

Permuta. Contrato, em virtude do qual as partes interessadas trocam entre si bens de sua propriedade.

Personalidade Jurídica. Aptidão conferida pela ordem jurídica a uma pessoa, em virtude do que se torna titular de direitos e obrigações, inclusive do direito a uma existência própria, protegida pela lei.

Perturbação da Ordem. Promoção de tumulto ou qualquer ação que venha a desarticular a ordem pública, gerando intranquilidade e inquietação à coletividade.

Perturbação da Tranquilidade. Contravenção penal que consiste em molestar alguém de modo acintoso e reprovável.

Perturbação do Trabalho. Contravenção penal que consiste em ação que provoca a paralisação ou suspensão do trabalho, ou que ocasiona transtornos ou irregularidades a seu funcionamento.

Pessoa. Ente físico ou moral a que a ordem jurídica atribui direitos e deveres.

Pessoa Jurídica. Designa a instituição, corporação, associação e sociedade que, por força ou determinação da lei, se personaliza e toma individualidade própria, a fim de constituir uma entidade jurídica, distinta das pessoas que a formam ou que a compõem.

Petição Inicial. Para o *Direito Processual Civil*, é a peça escrita em que o autor formula sua pretensão perante o Poder Judiciário.

Pirataria de Vídeo. Violação de direito autoral, consistente em reproduzir fitas de videocassete, para fins comerciais, sem a autorização competente.

Plágio. Furto literário caracterizado pela apresentação, como própria, de trabalho ou obra intelectual produzido por outrem.

Plebiscito. Manifestação da vontade popular, expressa por meio de votação, acerca de assunto de vital interesse político ou social.

Plenos Poderes. A habilitação necessária de um agente, conferindo-lhe poderes suficientes e bastantes para negociar e concluir o negócio ou o contrato mencionado na sua outorga.

Poder. Como verbo, tem o sentido de ser autorizado, ser permitido, dar autoridade, facultar, ter autoridade. Como substantivo, significa o domínio e a posse tida sobre certas coisas ou a faculdade, a permissão, a força ou a autorização para se fazer ou executar certas coisas.

Poder Constituinte. A Assembleia Nacional Constituinte ou o poder supraconstitucional, composto de representantes do povo, encarregado de elaborar a Carta Magna.

Poder de Polícia. Um dos poderes que se atribuem ao Estado, a fim de que possa estabelecer, em benefício da própria ordem social e jurídica, as medidas, mesmo restritivas aos direitos individuais, que se tornem necessárias à manutenção da ordem, da moralidade, da saúde pública ou que venham garantir e assegurar a própria liberdade individual, a propriedade pública e particular e o bem-estar coletivo.

Poder Discricionário. Prerrogativa legal conferida à Administração Pública, explícita ou implicitamente, para a prática de atos administrativos, quanto à conveniência, oportunidade e conteúdo destes. É a liberdade de ação administrativa dentro dos limites estabelecidos pela lei.

Poder Executivo. Denominação atribuída a um dos órgãos do Poder Público a que se comete a função precípua de governar e administrar o Estado.

Poder Judiciário. Conjunto de autoridades investidas no poder de julgar. Órgão do Poder Público investido da atribuição de administrar a justiça.

Poder Jurídico. Conjunto de órgãos investidos de autoridade para realizar os fins do Estado. A administração pública, o governo constituído.

Poder Legislativo. Órgão do Poder Público incumbido de elaborar as leis e normas jurídicas, reguladoras das ações de quantos se integrem no Estado, em suas relações entre si ou deles com o próprio Estado.

Polícia. Conjunto de instituições, fundadas pelo Estado, para que, segundo as prescrições legais e regulamentares estabelecidas, exerçam vigilância para que sejam mantidas a ordem pública, a moralidade, a saúde pública e seja assegurado o bem-estar coletivo, garantindo-se a propriedade e outros direitos individuais.

Policitação. Proposta, promessa ou oferta que exterioriza a vontade tendente à celebração de um contrato. Uma vez efetuada em todos os seus elementos, a policitação não pode mais ser retirada, devendo ser cumprida.

Ponto de Comércio. Lugar onde se situa o estabelecimento comercial e para onde acorre a clientela.

Portaria. Documento expedido pelos chefes ou superiores hierárquicos de um estabelecimento ou repartição para transmitir a seus subordinados as ordens de serviços ou as determinações que sejam de sua competência.

Porte de Armas. Ato de trazer consigo, quando fora de casa, armas de uso proibido.

Posse. Exercício, pleno ou não, de algum dos direitos inerentes ao domínio ou à propriedade.

Posse Ilegal de Arma de Fogo. Posse de arma de fogo sem o competente registro no Sistema Nacional de Armas.

Postura. Disposição ou forma regularmente instituída a fim de que disponha, ordene ou regule a prática de certo ato ou a realização de certo negócio.

Praça. No *Direito Processual* exprime a venda judicial de bens imóveis que se faz publicamente, sob pregão.

Prazo. Espaço de tempo ou período em que se deve, ou não, praticar um ato ou cumprir uma obrigação.

Precatório. No *Direito Processual Civil*, é a denominação dada ao pedido constante de carta precatória. No Processo de Execução, é a carta de sentença remetida pelo juiz da causa ao Presidente do Tribunal para que este requisite ao Poder Público, mediante previsão na lei orçamentária anual, o pagamento de quantia certa para satisfazer obrigação decorrente de condenação das pessoas políticas, suas autarquias e fundações.

Precedentes. Fatos anteriores ocorridos na vida de uma pessoa, referentes a seu procedimento. São bons ou maus, conforme boa ou má tenha sido a atuação da pessoa na sociedade, até o momento em que se pesquisa sua vida anterior.

Preceito. Norma de conduta imposta judicialmente a uma pessoa para que faça ou deixe de fazer certa coisa, sob cominação de pena pecuniária, se não cumprir a ordem. No *Direito Constitucional*, é a norma que apresenta maior densidade e especificidade do que os princípios, que são mais genéricos.

Preclusão. Perda do direito de praticar um ato processual pela inércia de uma das partes durante o respectivo prazo.

Preconceito Racial. Profundo sentimento de aversão por determinadas raças em razão da suposta inferioridade intelectual e moral destas.

Pré-Contrato. Documento assinado com o propósito de assegurar a celebração de um contrato futuro e definitivo sobre determinado objeto, antecipando o delineamento das cláusulas principais e das mais abrangentes.

Prédio Encravado. Prédio sem comunicação direta com a via pública, dando origem à servidão de passagem.

Prédio Serviente. Prédio de passagem obrigatória para aqueles que provêm de prédio encravado.

Prédio Urbano. Prédio utilizado para outra finalidade que não a agricultura, independentemente de sua localização. A destinação é que determina a natureza do imóvel, se urbano ou rústico, e não a sua localização.

Preempção. Segundo o *Direito Civil*, é a prelação ou o direito de preferência que tem o vendedor de um bem de adquiri-lo novamente, em caso de o comprador desejar vendê-lo posteriormente, desde que assim seja estipulado no contrato de compra e venda.

Preliminares. Argumentação que, embora não se refira diretamente ao mérito da causa, visa a apontar vícios processuais ou fatos impeditivos do andamento regular da ação, de modo a favorecer o réu, podendo provocar a não apreciação do mérito pelo juiz.

Prêmio. Importância que o segurado paga ao segurador, a título de compensação pela responsabilidade assumida por este no contrato de seguro.

Premonitória. Autorização judicial que supre a falta de consentimento necessário à validade de um ato jurídico.

Prenotação. Anotação ou registro prévio ou provisório, feito por oficial de registro público, em título ou documento apresentado à inscrição ou transcrição.

Preposto. Pessoa escolhida por um preponente e investida de autoridade para representá-lo nas esferas mercantil e trabalhista.

Prequestionamento. Suscitação obrigatória, no recurso extraordinário, de questão já ventilada no curso da demanda, exigindo que a questão tenha sido abordada no acórdão recorrido.

Prescrição. Perda do direito de ação em face do transcurso de um prazo legal. Modo pelo qual o direito se extingue, em vista do não exercício dele durante certo lapso de tempo.

Presidencialismo. Regime de governo em que o Poder Executivo acumula a Chefia de Governo e a Chefia de Estado.

Presunção. Juízo antecipado e provisório, considerado válido até prova em contrário.

Presunção de Inocência. Direito que assiste ao acusado de não ser considerado culpado até a sentença transitar em julgado.

Presunção de Periculosidade. Suposição, decorrente de circunstâncias, de que alguém venha a praticar ou torne a praticar algum crime.

Preterdolo. Segundo o *Direito Penal*, é a intenção de praticar alguma ação criminosa cujo resultado venha a ser mais grave do que o desejado.

Prevaricação. Crime contra a Administração Pública praticado por alguém que dolosamente retarda ou omite ato de ofício ou o pratica contra disposição expressa de lei, para satisfazer interesse ou sentimento pessoal.

Primário. Segundo o *Direito Penal*, o termo designa o réu que, pela primeira vez, cometeu uma infração à lei penal.

Princípio da Legalidade. Princípio segundo o qual ninguém pode ser obrigado a fazer ou deixar de fazer algo senão em virtude da lei escrita.

Princípios Gerais de Direito. Princípios que constituem o próprio fundamento da ordem jurídica, propiciando o preenchimento de lacunas do direito positivo.

Prisão. Medida judicial ou administrativa pela qual se priva a pessoa de sua liberdade de locomoção, recolhendo-a a um lugar seguro ou fechado.

Prisão-Albergue Domiciliar. Recolhimento de beneficiário de regime aberto em residência particular, quando se tratar de condenado maior de setenta anos, condenado acometido de doença grave, condenado com filho menor ou deficiente físico ou mental ou, ainda, condenada gestante.

Prisão Civil. Ato judicial coercitivo que restringe a liberdade de locomoção e se destina a compelir o devedor ao cumprimento de uma obrigação civil.

Prisão Temporária. Prisão que pode ser decretada em casos específicos, com a duração máxima de cinco dias ou até trinta dias no caso de se tratar de crime hediondo, podendo ser prorrogada por igual período se houver extrema e comprovada necessidade.

Privilégio de Invenção. Exclusividade de uso e da exploração comercial de um invento, em decorrência da patente de invenção.

Procedimento. Forma por que se desenvolve e se aplica o processo, constituindo-se no conjunto de atos que atingem a finalidade do processo propriamente dito. Dinâmica do processo.

Procedimento Sumário. Aquele que visa a uma tramitação mais rápida dos processos que envolvem causas de menor valor econômico.

Processo. A forma estabelecida por lei e pelo uso, ou pelos costumes, para tratar as causas em juízo. A ação sob o aspecto formal, isto é, a série ordenada dos atos formalizados pela lei para o litígio em juízo sobre uma causa.

Processo de Execução. Processo pelo qual o Estado, por intermédio do órgão jurisdicional e tendo por base um título judicial ou extrajudicial, empregando medidas coativas, efetiva e realiza a sanção, isto é, a satisfação do direito do credor.

Processo Legislativo. Conjunto de normas que disciplinam a elaboração das leis, percorrendo as seguintes fases: iniciativa, emendas, votação, sanção ou veto, promulgação e publicação oficial.

Procuração. Instrumento do mandato, ou seja, documento em que se outorga o mandato escrito, no qual se expressam os poderes conferidos.

Promulgação. Etapa da elaboração da lei consistente no ato que dá publicidade a esta, em virtude do qual as novas normas legais se tornam conhecidas e passam, segundo os princípios instituídos, a ter eficácia no tempo e no espaço, conforme as circunstâncias.

Pronúncia. No *Direito Processual Penal*, é o ato pelo qual o juiz presidente de um processocrime, no Tribunal do Júri, face às provas colhidas no sumário de culpa, declara ou reconhece o réu suspeito do crime que é objeto da denúncia.

Propriedade. Condição em que se encontra a coisa que pertence, em caráter próprio e exclusivo, a determinada pessoa. Designa também a própria coisa ou o bem que pertence exclusivamente a alguém. Direito exclusivo ou poder absoluto e exclusivo que se tem, em caráter permanente, sobre a coisa que nos pertence.

Propriedade Imaterial. Propriedade intelectual. Prerrogativa legal de fruir com exclusividade dos benefícios patrimoniais e morais de trabalho intelectual de natureza literária, artística e científica.

Propriedade Industrial. O conjunto de coisas que constituem uma organização industrial, pelo que nela se integra não somente a reunião de coisas materiais necessárias ao objetivo do estabelecimento, como todos os direitos resultantes das atividades inerentes a ele. A soma de direitos que incidem sobre as concepções da inteligência, trazidas à indústria para sua exploração ou proveito econômico de quem as imaginou ou inventou.

Propriedade Resolúvel. Assim se entende a propriedade, quando os direitos que a constituem estão subordinados a uma revogação ou se instituem por um prazo de duração temporária. Portanto, esse tipo de propriedade é passível de revogação, independente da vontade do proprietário.

Protesto Cambiário. É o que se promove, perante o oficial do cartório de protestos de títulos, a respeito de falta de aceite ou reconhecimento e da falta de pagamento dos títulos cambiários.

Protesto Judicial. Medida preventiva formulada em petição dirigida ao juiz, a qual, embora desprovida de força de coerção, previne responsabilidade e resguarda direitos.

Protesto por Novo Júri. Recurso privativo da defesa, admitido uma só vez quando a sentença condenatória for de reclusão por tempo igual ou superior a vinte anos, exceto nos casos em que a pena foi imposta em grau de apelação.

Prova. Demonstração da existência ou da veracidade daquilo que se alega como fundamento do direito que se defende ou que se contesta. Todo meio lícito e apto a firmar a convicção do juiz na sua decisão. Em matéria processual, a prova é tão importante que constitui a própria alma do processo, sem a qual este não existiria.

Prova Imperfeita. Prova insuficiente para firmar a convicção do juiz.

Prova Plena. Prova completa, que satisfaz inteiramente a regra legal e vem esclarecer, irrefutavelmente, a controvérsia acerca do fato afirmado.

Prova Pré-Constituída. Prova constituída por antecipação, em face de determinação legal ou para preservar sua integridade.

Prova Testemunhal. Prova consistente no depoimento oral de testemunha, a respeito de fatos objetivados no litígio ou das circunstâncias do crime.

Provimento. Admissão ou recebimento de um recurso pela autoridade judiciária superior a quem foi dirigido ou para quem foi interposto.

Provimento de Cargo. Ato da Administração pelo qual se preenche um cargo público, com expressa indicação de quem desempenhará a função respectiva.

Publicação da Lei. Ato oficial de levar à coletividade o conhecimento de lei nova.

Pudor Público. Decoro público ou sentimento coletivo a respeito da honestidade e decência dos atos que se fundam na moral e nos bons costumes.

Purgação da Mora. Prerrogativa legal do inquilino de saldar, em juízo, aluguéis atrasados, sem prejuízo da locação.

Putativo. Diz-se de tudo aquilo que se reputa ser, embora na realidade não o seja. Que tem a aparência de verdadeiro, de legal, de certo ou juridicamente válido.

Quadrilha. Associação de três ou mais pessoas com a finalidade de praticar crimes. Na terminologia do *Direito Penal*, tem o mesmo sentido de bando ou grupo de malfeitores que, obedientes a um chefe, se dedicam a roubos, assaltos e homicídios.

Quase-Contrato. Instituto dotado de apenas alguns atributos do contrato propriamente dito, o que não impede que obrigue como este.

Quase-Crime. Comportamento que, embora não tipificado criminalmente, revela periculosidade do agente.

Quase-Delito. Ato ilícito resultante de culpa e causador de dano a outrem, daí surgindo a obrigação de repará-lo.

Quebra de Fiança. Fato de responsabilidade do réu, que resulta de seu não comparecimento, após a intimação, a qualquer ato do inquérito, da instrução ou do julgamento, bem assim da sua mudança de residência sem prévia permissão da autoridade ou, ainda, do afastamento de sua residência por mais de oito dias, sem comunicação à mesma autoridade.

Queixa-Crime. Peça inicial da ação penal privada, consiste na exposição do fato criminoso, feita pela parte ofendida ou por seu representante legal e destinada a iniciar o procedimento penal contra o autor ou autores daquele fato.

Quesitação. Formulação de quesitos.

Quesitos. Indagações articuladas feitas pelas partes, pelo promotor de justiça e pelo juiz a um perito, com o fim de instruir questões técnicas surgidas no processo.

Quesitos no Tribunal do Júri. Perguntas formuladas aos jurados sobre o crime e suas circunstâncias essenciais com o objetivo de levá-los a decidir de fato.

Quesitos Suplementares. Indagações que as partes podem formular durante diligência destinada a substituir perito inapto ou faltoso.

Quesível. Denominação de dívida a ser paga na residência ou domicílio do devedor.

Questão de Ordem. Questão arguida em órgãos colegiados, em especial nos parlamentos, a respeito da ordem a ser seguida nos trabalhos.

Questão Federal. Questão pertinente a normas federais.

Questão Prejudicial. No *Direito Processual Civil*, é a questão arguida em primeiro lugar, a fim de impedir ou tornar prejudicado o julgamento do mérito. Deve ser decidida antes de qualquer outra, pois dela depende a própria questão principal.

Quinhão. Porção que cabe a cada pessoa na divisão de uma coisa. Parte da herança que cabe a cada herdeiro.

Quinto Constitucional. Expressão que denomina o percentual de preenchimento das vagas de um tribunal por advogados e membros do Ministério Público.

Quirografário. Credor que, na falência ou concordata, não possui garantia real para o pagamento de seu crédito.

Quitação. Ato escrito pelo qual o credor declara ter recebido o pagamento do devedor, liberando-o da obrigação.

Quota Litis. Acordo firmado entre advogado e cliente, pelo qual este se compromete a dar àquele participação na vantagem eventualmente obtida numa lide.

Rábula. Advogado desprovido de cultura jurídica. O termo é também empregado para designar o mau advogado.

Rapto. Apropriação de coisas ou arrebatamento de pessoas, pela força ou pela violência. Na linguagem jurídica, designa especialmente a retirada ou o arrebatamento de pessoas, do local em que se encontram para outro, mediante violência, fraude ou engano.

Rapto Consensual. Crime contra a liberdade sexual consistente na subtração de mulher solteira e honesta, maior de catorze e menor de vinte e um anos, com o seu consentimento.

Rapto Violento ou Mediante Fraude. Ato de arrastar ou arrebatar mulher honesta de seu lar, mediante violência, grave ameaça ou fraude, para fim libidinoso.

Rasura. Extração ou introdução de expressões em documentos, atos e termos processuais, mediante raspagem no papel. Só continuará válido o texto com rasuras no caso de estas serem ressalvadas expressamente e aceitas pelo juiz.

Rateio. Distribuição de um bem, feita em partes proporcionais aos direitos ou obrigações de cada participante.

Ratificação. Aprovação, confirmação de ato jurídico praticado por alguém que não possuía poderes especiais para isso ou para o qual não recebera a autorização ou o consentimento necessário.

Razão Comercial. Denominação utilizada pelo comerciante ou pela sociedade para exercer o comércio e firmar os atos referentes a ele.

Razões Finais. Exposição escrita que cada uma das partes tem direito a fazer, após a instrução do processo e antes da prolação da sentença, debatendo as questões de direito e de fato apontadas nos autos.

Reabilitação. Benefício concedido ao condenado a ser requerido após decorridos dois anos do dia em que for extinta a pena ou terminar sua execução. Tal benefício alcança quaisquer penas aplicadas em sentença definitiva, assegurando ao condenado o sigilo dos registros sobre seu processo e condenação.

Reabilitação de Falido. Declaração judicial que reintegra o comerciante falido no exercício dos direitos restringidos pela falência, extinguindo, inclusive, a interdição do exercício do comércio.

Recepção. Princípio de continuidade da legislação ordinária, segundo o qual uma nova Constituição aceita os preceitos da legislação anterior, contanto que sejam compatíveis com a nova ordem.

Receptação. Crime contra o patrimônio consistente em adquirir, receber ou ocultar, em proveito próprio ou alheio, algum bem que é sabidamente produto de crime, ou influir para que um terceiro, de boa-fé, o adquira, receba ou oculte.

Reclamação. Pedido para que se reconheça a existência de um direito ou queixa contra atos que prejudicam direitos do reclamante. Processo de competência originária destinado a preservar a competência de tribunal ou garantir a autoridade de suas decisões.

Reclamado. Denominação dada ao réu no processo trabalhista.

Reclamante. Denominação dada ao autor no processo trabalhista.

Reclamatória. Denominação dada à petição inicial no processo trabalhista.

Reclusão. Pena privativa de liberdade que deve ser cumprida em regime fechado, semiaberto ou aberto, dependendo do mérito do condenado, ou seja, os seus antecedentes e as circunstâncias e consequência do crime.

Reconciliação. Ato pelo qual se restabelece a sociedade conjugal, dissolvida anteriormente em consequência de desquite ou de separação judicial.

Reconhecimento de Filho. Ato solene pelo qual o pai, a mãe ou ambos reconhecem como filho pessoa havida fora do casamento.

Reconhecimento de Firma. Ato pelo qual o escrivão público reconhece e declara verdadeira a assinatura de uma pessoa, autenticando-a com sua fé pública.

Reconvenção. Espécie de resposta do réu, consistente em verdadeira ação proposta por este contra o autor, nos próprios autos da ação original.

Recurso. Meio processual utilizado pela parte perdedora em primeira instância para pedir o reexame da causa ao próprio órgão que a decidiu ou à instância superior.

Recurso Adesivo. Recurso cível aplicável aos casos em que tanto o réu quanto o autor ficam parcialmente vencidos, de modo a permitir que, ao ser interposto o recurso por uma das partes, a outra possa aderir a ele.

Recurso Especial. Recurso de competência do STJ, cabível nas causas decididas, em única ou última instância, pelos TRFs ou pelos tribunais dos Estados e do Distrito Federal, quando a decisão recorrida contrariar tratado ou lei federal, ou lhes negar vigência, ou ainda quando julgar válida lei ou ato de governo local contestado em face de lei federal, ou der à lei federal interpretação divergente da que lhe tenha sido atribuída por outro tribunal.

Recurso Extraordinário. Recurso interposto junto ao STF contra decisões de justiças locais em única ou última instância, que violem lei federal.

Recurso Ordinário. No *Direito Processual do Trabalho*, é o recurso com a finalidade de provocar reexame de decisão proferida por Junta de Conciliação e Julgamento em dissídio individual.

Redução de Alimentos. Redução do montante de alimentos originariamente devido, em face da modificação no estado de fato ou de direito das partes, pelo que poderão estas requerer a revisão do que foi estatuído na sentença.

Redução de Salários. Restrição de direito imposta ao trabalhador, resultante de difícil conjuntura econômica ou de acordo ou convenção coletiva de trabalho.

Referendo. No *Direito Constitucional*, é a manifestação direta da cidadania a respeito de medida já tomada pelo Governo.

Reforma Agrária. Conjunto de medidas para promover melhor distribuição da terra, mediante modificações no regime de sua posse e uso, a fim de atender aos princípios de justiça social e aumentar a produtividade.

Regime de Bens. Para o *Direito Civil*, é o conjunto de princípios jurídicos que regulam as relações econômicas entre marido e mulher. Complexo de preceitos legais ou convencionais que regem as relações matrimoniais de um casal durante toda a sua vida ou enquanto subsistir o matrimônio.

Registro Civil de Pessoas Naturais. Órgão incumbido de registrar ou averbar atos jurídicos referentes às pessoas naturais, conferindo autenticidade e publicidade a tais atos.

Registro do Comércio. Também denominado Registro Público de Empresas Mercantis e Atividades Afins, é a atividade que, exercida pelos órgãos federais e estaduais específicos, tem por finalidade dar garantia, publicidade, autenticidade, segurança e eficácia aos atos jurídicos das empresas mercantis, cadastrar as empresas nacionais e estrangeiras em funcionamento no país e manter atualizadas as informações pertinentes, bem como proceder à matrícula dos agentes auxiliares do comércio e seu cancelamento.

Registros Públicos. Serviços que têm por objetivo autenticar e dar publicidade ao estado e à capacidade das pessoas, bem como autenticar e perpetuar documentos destinados à prova de atos jurídicos.

Regulamento de Empresa. Estatuto que rege as condições gerais de trabalho de uma empresa privada ou pública.

Reincidência. Prática de um novo delito ou repetição de um delito pelo mesmo agente que já tenha sido julgado e condenado por crime anterior.

Reintegração da Posse. Restituição, recuperação ou reocupação da coisa de cuja posse se foi privado violentamente. É também a ação judicial para recuperar a posse perdida ou para ser restituído nela.

Relação de Emprego. Vínculo de subordinação, dependência e salário, de natureza não eventual, que se forma entre o empregado e o empregador.

Relação de Trabalho. Vínculo derivado de contrato de prestação de serviço, de empreitada ou mandato, sem que haja subordinação, dependência ou salário do contratado em relação ao contratante.

Relator. Juiz encarregado de expor perante outros juízes os fundamentos da questão a ser julgada.

Relevância de Questão Federal. Situação de evidente conflito entre o texto legal e o julgado, ensejando recurso extraordinário.

Remição de Dívida. Pagamento, resgate da dívida. Remido é aquele que se acha desobrigado de uma prestação, após efetuar o pagamento.

Remissão de Dívida. Renúncia, perdão, liberação espontânea e incondicional de uma dívida, concedida pelo credor ao devedor.

Remuneração. Montante de tudo o que o empregado recebe, incluindo o salário propriamente dito e outras importâncias provindas do empregador ou de terceiros.

Réplica. Direito que assiste ao promotor de justiça, no Júri, de rebater as alegações da defesa contra sua primeira manifestação acusatória.

Representação. Para o *Direito Processual Penal*, é a autorização dada pela vítima do crime ou por seu representante legal para que a autoridade policial, o promotor público ou o juiz determinem a instauração de inquérito policial, a fim de que o órgão do Ministério Público possa oferecer a denúncia nos crimes de ação pública dependentes dessa formalidade.

Representante Comercial Autônomo. Pessoa física ou jurídica que exerce a mediação mercantil de forma habitual e sem subordinação.

Repristinação da Lei. Restauração expressa de uma lei que fora revogada, mediante outra lei nova.

República. Regime político em que o chefe do Poder Executivo é escolhido ou eleito pelo povo.

Requisição de Bem Particular. Retirada coercitiva e temporária de bens da posse de particulares, realizada por autoridade competente com o objetivo de eliminar iminente perigo público.

Rescisão de Contrato. Rompimento unilateral do vínculo contratual.

Resilição de Contrato. Rompimento bilateral do vínculo contratual.

Resolução de Contrato. Dissolução do contrato por sentença judicial.

Responsabilidade Aquiliana. Responsabilidade extracontratual, decorrente da inobservância de norma jurídica.

Responsabilidade Civil. Responsabilidade decorrente da inexecução de obrigação, ocasionando dano à outra parte.

Responsabilidade Objetiva do Estado. Dever do Estado de responder pelos danos causados por seus órgãos, independentemente da intenção destes.

Resposta do Réu. Manifestação formal do réu em resposta às alegações do autor.

Restauração de Autos Processuais. Recomposição total ou parcial de autos extraviados, inutilizados ou indevidamente retidos, quando a parte frustra a diligência de busca.

Retroatividade. Qualidade ou caráter do ato ou da ação que pode exercer efeito ou afetar coisas passadas.

Retroatividade das Leis. Qualidade de certas leis que, promulgadas, exercem eficácia mesmo a respeito de atos passados, regulando-os e submetendo-os a seu regime.

Retrovenda. Contrato de compra e venda em que se estipula ter o vendedor direito de resgatar o bem vendido, dentro de determinado prazo, pagando o mesmo preço ou outro previamente convencionado.

Revelia. Rebeldia de alguém que deixa, intencionalmente, de comparecer ao curso de um processo para o qual foi citado ou intimado.

Revezamento. Espécie de jornada de trabalho em que o empregado presta serviço por turnos, com a finalidade de preservar o funcionamento ininterrupto da empresa.

Revisão Criminal. Pedido de novo exame à sentença condenatória, para que se lhe altere ou modifique o dispositivo, em face de motivo legal, e se repare a injustiça que nela se tenha cometido, desde que contra ela não se autorize qualquer recurso.

Revisor. Membro de um tribunal que, segundo o regulamento deste, tem por atribuição rever o relatório feito pelo relator de um processo a ser submetido a julgamento do tribunal, aceitando-o ou retificando-o.

Revogação da Lei. Cessação da vigência de uma lei provocada expressa ou tacitamente por outra de superior ou igual hierarquia.

Risco Administrativo. Denominação do princípio pelo qual a Administração Pública responde pelos atos de seus órgãos que causem dano aos particulares, independentemente de culpa ou dolo.

Risco Profissional. Expressão que indica o princípio segundo o qual o empregador responde pelos acidentes de trabalho sofridos por seus empregados, exceto, evidentemente, a autolesão.

Rixa. Crime que se caracteriza pelo conflito entre três ou mais pessoas, pondo em risco sua integridade física.

Rol de Testemunhas. Relação nominal das pessoas que a parte deseja sejam ouvidas na qualidade de testemunhas.

Rol dos Culpados. Registro dos nomes dos réus condenados criminalmente por sentença irrecorrível.

Roubo. Subtração de bem alheio móvel, para si ou para outrem, mediante grave ameaça ou violência à pessoa.

Rubrica. Assinatura abreviada com que se assinalam ou se autenticam os documentos.

Sabotagem. Crime que consiste na invasão ou ocupação de estabelecimento industrial, comercial ou agrícola para impedir ou dificultar o curso normal do trabalho ou, com esse mesmo fim, danificar o estabelecimento e as coisas ali existentes.

Sacado. Pessoa física ou jurídica contra quem se emite um título de crédito.

Salário. Importância ajustada ou atribuída ao empregado como pagamento ou em troca do trabalho, braçal ou intelectual, ou do serviço prestado.

Salário-Família. Direito social que assiste aos trabalhadores em geral de receberem certa importância adicional ao salário, proporcional ao número de filhos menores ou inválidos que não apresentam condições de prover o próprio sustento.

Sanção. Tanto significa a aprovação dada à lei como a pena ou castigo disposto na regra legal. No Processo Legislativo, é a aceitação expressa ou tácita por parte do Poder Executivo de um projeto de lei aprovado pelo Poder Legislativo.

Saneamento do Processo. Medidas judiciais tomadas mediante despacho, entre a fase postulatória e a instrução do processo, a fim de corrigir vícios, irregularidades e nulidades.

Sedução. Para o *Direito Criminal*, é o crime contra os costumes que consiste em manter relações sexuais com mulher virgem, maior de catorze e menor de dezoito anos, obtendo seu consentimento mediante engano e abusando de sua inexperiência ou justificável confiança.

Segredo de Justiça. Prática de atos judiciais que, por sua natureza, devem ser realizados em particular, fora das vistas das pessoas não envolvidas, ou devem ser subtraídos do conhecimento público.

Seguro. Segundo o *Direito Civil*, é o contrato pelo qual uma das partes se obriga para com a outra, mediante a paga de um prêmio, a indenizá-la do prejuízo resultante de riscos futuros, previstos no contrato.

Seguro de Fiança Locatícia. Espécie de garantia do contrato de locação de imóvel, cujo objetivo é o de garantir ao locador o ressarcimento dos prejuízos que venha a sofrer por causa do inadimplemento deste contrato por parte do locatário.

Seguro-Desemprego. Assistência financeira temporária prestada ao trabalhador desempregado em virtude de dispensa sem justa causa.

Semovente. Designa os bens representados por animais irracionais possuídos por alguém.

Sentença. Ato decisório pelo qual o juiz põe fim a um processo, aceitando ou não o mérito da causa.

Separação de Corpos. Separação de cônjuges, ato pelo qual cada um deles deixa de habitar sob o mesmo teto e passa a residir em lugares diferentes.

Separação Judicial. Ato executado pela vontade unilateral de um dos cônjuges que acusa o outro de conduta desonrosa ou violação dos deveres do casamento.

Sequestro. No *Direito Processual Civil*, é a apreensão judicial de determinado bem, objeto de uma lide. Para o *Direito Penal* é o crime praticado contra a liberdade individual, mantendo ilicitamente alguém em cárcere privado.

Servidão. Ônus ou encargo imposto a um imóvel ou terreno, em proveito de outro, de proprietário diferente. É também o direito público de passagem por um terreno de propriedade particular.

Servidão de Passagem. Direito que assiste ao proprietário de imóvel dominante de trafegar pelo imóvel serviente, quando não existe caminho alternativo.

Servidor Público. Pessoa investida legalmente em cargo público.

Sigilo Profissional. Segredo profissional. Dever ético que impede alguém de revelar assuntos confidenciais referentes à empresa ou à profissão.

Simulação. Fingimento utilizado na prática de um ato ou na execução de um contrato, visando a enganar alguém ou a mostrar o irreal como verdadeiro.

Sindicato. Instituição ou associação, em geral de caráter profissional, cujo objetivo é defender os interesses comuns de uma classe, ou um grupo de pessoas, ligadas entre si pelos mesmos interesses.

Síndico. Administrador de um prédio ou condomínio, eleito segundo os respectivos estatutos, com poderes de representação ativa e passiva. Segundo a *Lei de Falências*, é o administrador da massa falida, escolhido dentre os maiores credores, com base em sua idoneidade moral e financeira.

Sine Qua Non. Locução latina que caracteriza uma circunstância indispensável para a validade ou a realização de um ato ou fato.

Sinistro. Evento funesto ou fato danoso, provocado pelo homem ou pela natureza, imprevisto e não desejado, cujas consequências são danos pessoais ou materiais, suscetíveis de indenização.

Situação Jurídica. Condição das coisas e das pessoas, em relação a outras, conforme é estabelecido pela própria lei.

Sobresseguro. Também denominado Resseguro ou seguro maior. Seguro cujo valor da apólice é maior do que o valor do bem segurado.

Sobrestamento. Interrupção temporária do andamento de um processo ou ato jurídico.

Sociedade Anônima. Pessoa jurídica de direito privado, com fins mercantis, cujo capital está dividido em ações, limitando a responsabilidade dos sócios ou acionistas ao valor das ações subscritas ou adquiridas.

Sociedade por Cotas de Responsabilidade Limitada. Tipo de sociedade comercial em que a responsabilidade de cada sócio ou cotista se limita ao total das cotas que possui.

Solidariedade. Para o *Direito das Obrigações*, é o modo de ser de um direito ou de uma obrigação que não pode ser fracionada, devendo ser considerada sempre em sua totalidade. Assim, se há pluralidade de credores numa mesma obrigação, cada qual tem direito ao crédito total, como também dentre os devedores cada um está obrigado à divida por inteiro.

Sonegação de Bens. No *Direito das Sucessões*, é o ato doloso, praticado pelo inventariante ou pelos herdeiros, de ocultar bens que deveriam constar do inventário.

Sonegação Fiscal. Ato doloso e fraudulento praticado por industrial ou comerciante, com a intenção de impedir o conhecimento total ou parcial do Fisco sobre a ocorrência de um fato gerador.

Statu Quo. Expressão latina utilizada para indicar o estado em que as coisas se achavam antes da propositura da ação.

Sub Judice. Indica a situação de uma demanda que ainda está sob apreciação judicial e, por consequência, ainda não foi decidida.

Sublocação de Imóvel. Ação realizada por um inquilino que aluga um imóvel, no todo ou em parte, a um terceiro. Para ser válida, a sublocação necessita do consentimento prévio do locador ou proprietário e não pode ser feita por prazo superior ao da locação propriamente dita.

Sub-Rogação. Substituição ou modificação de uma coisa por outra. Ato que transfere os direitos de um credor para uma terceira pessoa, que resgata a obrigação e assume o lugar do primeiro.

Substabelecimento no Mandato. Ato de transferir uma delegação, representação ou mandato. No contrato de mandato, é a substituição formal de um mandatário instituído por outro.

Subsunção. Ação de considerar um fato jurídico como reprodução da hipótese contida na norma jurídica.

Subvenção. Ajuda financeira concedida pelo Estado a instituições particulares de caráter assistencial ou cultural, legalmente organizadas. Esta cooperação oficial pode ser ordinária ou extraordinária.

Sucessão. No *Direito Civil*, é a substituição formal e ativa dos titulares de bens e de direitos que são transmitidos aos substitutos. Para o *Direito Constitucional*, é a transmissão definitiva do cargo de Presidente da República ocorrida durante a vigência do mandato presidencial.

Sucumbência. Princípio do *Direito Processual Civil* segundo o qual a parte vencida no processo fica obrigada a arcar com os honorários do advogado da parte vencedora.

Sufrágio. Voto, votação, ato de eleger os representantes legais de uma instituição.

Súmula. Sumário ou exposição abreviada do conteúdo integral de alguma coisa. Na jurisprudência, indica a condensação de série de acórdãos do mesmo tribunal, revelando sua orientação para casos análogos.

Superfaturamento. Preço cobrado a mais, preço excessivo pago por um bem, um serviço, uma obra, sobretudo nas licitações da Administração Pública.

Supérstite. Denominação dada ao cônjuge sobrevivente, utilizada especialmente no direito sucessório com referência à meação dos bens deixados pelo cônjuge falecido.

Sursis. Sobrestamento ou suspensão da feitura de um ato ou da aplicação de uma sanção.

Suspeição. Desconfiança quanto à imparcialidade do juiz de uma causa, fato que pode ser levantado pela parte que se julgar prejudicada ou até mesmo pelo magistrado.

Suspensão. Paralisação ou cessação temporária de uma atividade ou de um procedimento.

Suspensão Condicional da Pena. Suspensão temporária da pena com o objetivo de reeducar o criminoso que, mesmo em liberdade, continua sob vigilância das autoridades.

Suspensão da Pena. Não aplicação da pena ou não execução da condenação, nos casos em que ao réu assiste a faculdade de requerer e obter semelhante benefício.

Suspensão da Prescrição. Ato judicial que tem a força de interromper a prescrição.

Suspensão das Funções. Ato administrativo que afasta um funcionário do exercício de seu cargo.

Suspensão de Direitos Políticos. Perda dos direitos políticos, prevista na Constituição Federal, após condenação por crime transitada em julgado.

Suspensão Preventiva. Afastamento de funcionário ou empregado, do exercício de suas funções e atribuições, durante uma sindicância ou um inquérito administrativo movido contra ele.

Sustento. Suprimento de alimentos e fornecimento de meios necessários à subsistência de uma pessoa.

Tabelião. Oficial público que tem a missão de lavrar atos, contratos e outros instrumentos aos quais as partes interessadas querem ou devem dar forma legal ou autenticidade.

Talião. Segundo a *História do Direito*, a pena que aplicava ao criminoso um castigo igual ao dano que causou. O Código de Hamurabi, rei babilônico, já decretava, por exemplo, que se amputasse a mão do réu condenado por roubo.

Talmude. Livro sagrado que condensa a tradição, a doutrina, as cerimônias e os princípios de disciplina da religião judaica, os quais deviam ser respeitados e seguidos tão rigorosamente quanto a Lei de Moisés.

Tanatologia. Disciplina que se ocupa com o estudo da soma de conhecimentos científicos relativos à morte.

Tapume. Para o *Direito Civil*, é qualquer meio utilizado para separar terrenos contíguos, como as sebes, as cercas de madeira ou de arame, as valas, as banquetas.

Tarefeiro. O *Direito do Trabalho* assim denomina o trabalhador contratado para executar sozinho determinado serviço, dentro de um prazo fixado, recebendo sua remuneração pela tarefa.

Tarifa. Para o *Direito Administrativo*, é a importância que os usuários pagam em dinheiro a uma empresa concessionária pela prestação de algum serviço público.

Taxa. Preço ou quantia estipulada como compensação de certo serviço ou como remuneração de determinado trabalho. Segundo a Constituição Federal, é o tributo que tem seu fato gerador em alguma atividade estatal específica, voltada ao contribuinte.

Taxionomia Jurídica. Disciplina que analisa e organiza a correta classificação dos diferentes ramos do Direito.

Tempestivo. Em sentido jurídico, qualifica as coisas e os atos que acontecem no tempo certo, devido, oportuno, no prazo estabelecido.

Tença. Ato de possuir algo. No sentido jurídico, significa a pensão periódica e perpétua paga pelo Estado ou por um particular para o sustento de alguém.

Tentativa. Segundo o *Direito Penal*, é o início da execução de um crime, que malogra por motivos alheios à vontade do agente.

Teoria da Imprevisão. Teoria segundo a qual as partes contratantes devem considerar válidas todas as cláusulas do contrato enquanto subsistirem as circunstâncias e condições econômicas existentes na época em que foi firmado o contrato.

Teoria da Tipicidade. No *Direito Penal*, é o princípio da legalidade, segundo o qual uma ação tida como punível deve ser típica, isto é, deve corresponder a um dos esquemas ou delitos característicos objetivamente descritos pela lei penal.

Terceirização. Ato de repassar serviços a terceiros, em geral serviços executados anteriormente por funcionários da própria empresa.

Termo. Limite, baliza, tempo determinado, prazo. Nos contratos, significa o vocábulo, a expressão utilizada e aprovada pelas partes. Juridicamente, é o momento a partir do qual o ato começa a produzir ou deixa de produzir efeitos.

Terras Devolutas. Terras vagas, não aproveitadas, que integram o patrimônio de pessoa jurídica de direito público, mas não são destinadas a uso público, podendo ser alienadas ou concedidas a particulares.

Terras Improdutivas. Terras incultas que ainda se encontram em estado nativo ou não estão sendo utilizadas para uma cultura ou exploração agrícola.

Terreno de Marinha. Faixa de terra banhada por mar, lago ou rio, numa largura de trinta e três metros contados da preamar média e que constitui patrimônio da União.

Território do Estado. Parte do território brasileiro ocupada por um Estado da Federação, sobre a qual este exerce sua jurisdição.

Tesouro Nacional. Departamento do Ministério da Fazenda que centraliza a administração dos negócios financeiros do Estado, em especial os que se referem às receitas e despesas públicas da União.

Testada. A frente, a parte de um terreno ou prédio que confina com uma rua, avenida, praça, estrada ou qualquer outro logradouro público.

Testamento. Ato jurídico solene, unilateral, gratuito e revogável, mediante o qual uma pessoa, em plena capacidade e na livre administração e disposição de seus bens, dispõe deles para depois de sua morte ou faz declarações de última vontade.

Testemunha. Pessoa que atesta, extrajudicial ou judicialmente, a veracidade ou não de algum ato de que tem conhecimento ou que presta esclarecimentos sobre fatos, afirmando-os ou negando-os.

Testemunho. Depoimento prestado por uma testemunha, atestando e comprovando algum ato jurídico.

Título. O fundamento jurídico de um direito, o documento que serve para provar direitos ou obrigações.

Trabalhador Avulso. Pessoa que, por intermédio de entidade de classe, mas sem vínculo de emprego, presta serviços a várias empresas.

Trabalhador Eventual. Aquele que executa algum trabalho de acordo com as contingências do momento, sem relação empregatícia direta.

Trabalhador Temporário. Aquele que presta serviços a uma empresa para suprir necessidade momentânea de acréscimo de serviços ou para substituir empregado regular.

Tradição. Para o *Direito Civil*, é a entrega material do bem adquirido, caracterizando a transmissão da propriedade, domínio ou posse de tal bem.

Tráfico de Drogas. Introdução clandestina de drogas para o comércio interno em um país ou a sua exportação para outros mercados.

Tráfico de Mulheres. Crime que consiste em fomentar ou facilitar a entrada, no território nacional, de mulher que nele venha praticar a prostituição, ou a saída de mulher que vá exercê-la no exterior.

Tramitação. O curso da ação ou da demanda, ou o seu seguimento processual.

Transação. No *Direito Civil*, é o ato jurídico em que duas ou mais pessoas, mediante concessões recíprocas, ajustam certas cláusulas e condições para prevenir possíveis litígios futuros ou para resolver os já existentes.

Transformação Societária. Alteração feita no contrato, pela qual uma sociedade passa de uma espécie para outra, independentemente de dissolução ou liquidação.

Trânsfuga. No *Direito Penal Militar*, é o soldado que, em tempo de guerra, deserta das fileiras do exército de seu país e passa a servir no exército inimigo.

Transgênico. Diz-se dos seres, animais ou vegetais, transformados por recodificação genética, mediante modificações na estrutura do DNA, o ácido que organiza a vida.

Traslado. Cópia imediata, passada pelo próprio tabelião ou escrivão que lavrou a escritura, possuindo valor de instrumento autêntico desta escritura.

Tratado. Convênio, acordo celebrado entre duas ou mais nações que se obrigam a respeitar e cumprir as cláusulas e condições nele contidas.

Tréplica. No Tribunal do Júri, é o direito que assiste ao defensor do réu de rebater as afirmações da acusação formuladas na réplica.

Tribunal de Contas. Órgão de natureza administrativo-contábil, cuja finalidade é fiscalizar e verificar as contas do orçamento utilizado pelo Poder Executivo, sem, todavia, possuir poder de julgar. Só emite pareceres.

Tribunal do Júri. A instituição do Júri, também denominada de Tribunal Popular.

Tributo. Contribuição devida por todo cidadão estabelecido ou residente num Estado, para custear os serviços públicos. Abrange o imposto, a taxa e a contribuição de melhorias.

Triplicata. Nova cópia da duplicata, reproduzida de uma fatura de venda para efeitos de protesto ou de cobrança, no caso em que a duplicata original não tenha sido devolvida dentro do prazo original ou extraviada.

Turbação da Posse. Ato ou fato que impede o livre uso da posse, ou ato executado contra a vontade do possuidor, dificultando o exercício da posse.

Tutela. Encargo legal ou judicial atribuído a alguém para administrar os bens ou a conduta de pessoa menor de idade.

Tutor: Aquele que possui um conjunto de poderes e encargos conferidos pela lei a um terceiro, para que zele pela pessoa de um menor que se encontra fora do pátrio poder, e lhe administre os bens. Em verdade, é um encargo, é um *munus* imposto pelo Estado a alguém, com um fim de interesse público. Não lhe é permitda a escusa, que só lhe tolera em casos restritos, figurados expressamente em lei. Enfim, a tutela é um instituto de caráter assistencial e que visa substituir o pátrio poder em face das pessoas cujos pais faleceram ou foram suspensos ou destituídos do poder paternal. Existem três espécies de tutela: a) por ato de última vontade; b) legítima, c) dativa.

Ultratividade da Lei. Aplicação dos dispositivos de lei já revogada, incidentes sobre fatos ocorridos durante sua vigência.

União. Denominação dada pelo *Direito Constitucional* à pessoa jurídica de *Direito Público* que representa o Estado brasileiro.

Unificação de Penas. Ato pelo qual o juiz impõe ao réu a pena mais grave quando este, mediante uma só ação ou omissão, praticou dois ou mais crimes sujeitos a diversas penas.

Unificação do Direito Privado. Doutrina que propõe a fusão entre o *Direito Civil* e o *Direito Comercial* no plano do direito positivo.

Usucapião. Aquisição de propriedade, decorrente da posse pacífica e incontestada de um bem durante prazo fixado por lei.

Usufruto. Direito real sobre coisa alheia, conferido a alguém para que possa fruir das utilidades e frutos de um bem pertencente a outrem, durante um tempo previamente determinado.

Usura. Cobrança de juros excessivos e exagerados, que ultrapassam o máximo da taxa legal.

Usurpação. No *Direito Penal*, é a ação injusta ou violenta pela qual alguém se apodera de bens, títulos, estado ou autoridade, em prejuízo particular ou da sociedade.

Utente. Usuário, titular do direito de uso.

Utilidade Pública. O interesse, o proveito e a vantagem que podem provir das coisas para satisfazer uma necessidade coletiva.

Uxoricídio. Assassínio da mulher cometido por seu esposo.

V

Vacância. Vaga ou estado de vago.

Vacância de Cargo. Declaração oficial de que o cargo se encontra vago, a fim de que seja provido um novo titular.

Vacância de Herança. Estado de herança jacente se, tomadas as providências legais de comunicação a eventuais herdeiros, estes não aparecerem.

Vacatio Legis. Período que deve transcorrer entre a publicação oficial da lei e o início de sua efetiva vigência.

Valor. Preço, grau de utilidade de um bem ou importância que lhe atribuímos para a satisfação de nossas necessidades.

Valor da Causa. Em sentido processual, designa a soma pecuniária que representa o valor do pedido ou da pretensão do autor, manifestada em sua petição.

Vara. Na organização judiciária, é a divisão da jurisdição de cada comarca, confiada a um juiz de direito que é o seu titular.

Venda a Descendente. Venda cuja validade é condicionada ao consentimento expresso dos demais descendentes.

Venda a Prêmio. Venda em que tanto o vendedor como o comprador pode desistir do negócio, contanto que a outra parte seja indenizada.

Veredicto. No *Direito Processual Penal*, é a decisão proferida pelos jurados no Tribunal do Júri. Também é qualquer sentença judicial.

Verificação de Contas. Em caso de falência, o exame realizado por peritos nos livros comerciais do credor ou do devedor.

Verificação de Créditos. Ato judicial que admite ou exclui créditos da falência ou da concordata.

Vernáculo. Idioma próprio de um povo, empregado com pureza e correção, cujo uso é obrigatório nos atos e termos processuais.

Veto do Poder Executivo. Ato pelo qual o Poder Executivo rejeita um texto legal já aprovado pelo Poder Legislativo.

Viajante. Tanto para o *Direito Comercial* como para o *Direito do Trabalho* designa o auxiliar externo, dependente do comerciante, que trabalha em várias praças distintas daquela onde se situa a casa matriz.

Vias de Fato. Ato em que se causam ofensas físicas ao adversário, sem lhe provocar lesões corporais.

Vício Redibitório. Defeito oculto de um bem, que o torna impróprio para o uso a que se destina.

Vintenária. Prazo de vinte anos estipulado por lei para a prescrição de certos atos.

Violação de Correspondência. Delito contra a inviolabilidade da correspondência fechada e pessoal, sujeito a pena de detenção ou multa.

Violação de Sigilo Profissional. Crime caracterizado pelo ato de revelar sem justa causa um segredo do qual se tem conhecimento em decorrência de função, ministério, ofício ou profissão, causando danos a outrem.

Vista dos Autos. Prerrogativa concedida ao advogado, na qualidade de procurador, de requerer a retirada dos autos processuais para análise durante o prazo de cinco dias.

Vistoria. Meio de prova que consiste em examinar pericialmente as coisas ou locais que interessam ao esclarecimento de uma controvérsia ou constituem o seu próprio objeto.

Vitimologia. No *Direito Penal*, é a disciplina que estuda a influência da própria vítima na prática de um delito.

Vocação Hereditária. Chamamento ou convocação de alguém com direito à sucessão para receber a herança ou a parte que lhe cabe.

Vogal. Juiz classista que atua na Justiça do Trabalho, representando ou o empregador ou o empregado.

Voto. Votação, manifestação da vontade dos cidadãos eleitores, meio pelo qual participam de uma eleição, escolhendo seus representantes para cargos eletivos.

Voto de Minerva. Voto de desempate, dado pelo presidente de entidades administrativas ou judiciárias. Também denominado voto de qualidade.

Voto Distrital. Voto pelo qual o eleitor escolhe seus representantes dentre os candidatos de seu distrito eleitoral.

Voto Vencido. Voto apresentado em desacordo com os votos vitoriosos que decidiram a questão.

Voz de Prisão. Ordem verbal dada por autoridade ou por qualquer pessoa do povo, no caso de flagrante delito, para determinar a prisão de alguém.

Warrant. Penhor, título de garantia emitido sobre mercadorias depositadas em armazéns.

Welfare State. Estado intervencionista que escolhe o bem-estar social como o maior compromisso do Governo.

Writ. Ordem judicial, mandado.

Writ of Mandamus. Ordem judicial expedida para obrigar uma autoridade a cumprir obrigação legal.

Xenofobia. Aversão a pessoas ou coisas estrangeiras. O mesmo que xenofobismo.

Zona de Fronteira. Parte do terreno de um país que faz limites com o território de outro país.

Zona Eleitoral. Parte de um território que forma um colégio eleitoral, onde seus residentes votam ou exercem seu dever político.

Zona Fiscal. Parte de um território submetida a uma exatoria, onde os residentes pagam os impostos devidos.

Zona Franca. Zona livre, onde, por uma convenção internacional, é permitida a livre circulação de mercadorias, nas operações de importação e exportação.

Zona Urbana. Território de uma cidade compreendido pelo perímetro urbano.

DICIONÁRIO JURÍDICO DE LATIM E GRAMÁTICA

A

A beneplacito. Em harmonia com.

A contrario sensu. Em sentido contrário.

A fortiori. Com mais razão, com maior razão, com mais razão ainda.

A latere. De lado. É uma argumentação que se acrescenta ao fato principal, como reforço, ainda que às vezes não ligada ao fato.

A non domino. Da parte de quem não é dono. Usa-se para expressar a transferência de bens imóveis por quem não é seu legítimo dono. Desprovido de título de domínio, de propriedade.

A novo. Novamente; de novo.

A pari. Pela mesma razão; por paridade.

A patre, a matre. Diz-se dos filhos adulterinos concebidos, respectivamente, por adultério do pai ou da mãe.

A posteriori. Segundo as consequências; pelo que segue; argumentação na qual se parte do efeito para a causa.

A priori. Do que precede, segundo princípio anterior admitido como evidente; prova baseada só no que se supõe certo, sem fundamento na experiência.

A quo. De que, do qual, de quem; *dies a quo:* dia a partir do qual se começa a contar um prazo; juiz ou tribunal de instância inferior.

Ab absurdo. Partindo do absurdo (para demonstrar alguma coisa).

Ab hoc et ab hac. A torto e a direito.

Ab initio. Desde a origem, desde o princípio.

Ab intestato. Sem deixar testamento. Quem falece *ab intestado,* morre sem deixar testamento.

Ab irato. Movido pela ira; num impulso de cólera; arrebatadamente.

Ab ovo. Desde o começo.

Abdicatio tutelae. Renúncia a tutela.

Aberratio delicti. Erro quanto à pessoa que é vítima do delito.

Aberratio finis legis. Afastamento da finalidade da lei.

Aberratio ictus. Erro de alvo, de cálculo, quando o criminoso atinge outra pessoa que não a que visava.

Aberratio personae. Erro de pessoa.

Aberratio rei. Erro de coisa.

Abolitio criminis. Extinção do crime.

Absens heres non erit. O ausente não será herdeiro.

Absente reo. Na ausência do réu.

Absolutio. Absolvição.

Absolvere debet judex potius in dubio quam condemnare. Na dúvida, o juiz deve antes absolver do que condenar.

Abusus non tollit usum. O abuso não impede o uso.

Abyssus abyssum invocat. O abismo chama outro abismo. A violência atrai a violência.

Accessio cedit principali. A coisa acessória adere (une-se) à principal.

Acessio temporis. Acessão do tempo.

Acidentalia negotii. As coisas acidentais do negócio.

Accipiens. Diz-se de quem recebe um pagamento.

Acta simulata substantiam veritatis mutare non possunt. Os atos simulados não podem mudar a substância verdadeira.

Actio ad exhibendum. Ação de exibição, ação exibitória.

Actio calumniae. Ação de calúnia.

Actio civilis ex delicto. Ação civil, para satisfação do dano causado pela infração penal.

Actio commodati. Ação de comodato.

Actio conditio ex mutuo. Ação de pagamento de empréstimo.

Actio conduti. Ação de arrendamento.

Actio dammi injuriae. Ação de dano por injúria.

Actio de edendo. Ação de edição (publicação).

Actio emphyteuticaria. Ação de enfiteuse.

Actio familiae erciscundae. Ação de partilha de herança.

Actio finium regundorum. Ação de demarcação.

Actio in rem. Ação real, ou a que tem por objeto propriedade imóvel.

Actio judicati. Ação que tem por fundamento a coisa julgada.

Actio negotiorum gestorum. Ação de gestão de negócios.

Actio non datur nisi constet de corpore delicto. Não há processo penal sem existência de corpo de delito.

Actio operis novae nuntiationis. Ação denunciação de obra nova.

Actio quanti minoris. Ação de abatimento de preço.

Actiones ex contractu. Ações nascidas do contrato.

Actiones ex lege. Ações procedentes da lei.

Actiones noxales. Ações de perdas e danos.

Actiones poenales. Ações penais.

Actiones stricti juris. Ações de direito estrito.

Actor probat actionem. O autor prova a ação.

Actori incumbit onus probandi. Incumbe ao autor ônus de provar.

Actus corruit, omissa forma legis. O ato é nulo quando omite a forma da lei.

Ad argumentandum. Para argumentar.

Ad argumentandum tantum. Somente para argumentar.

Ad cautelam. Por precaução; ato que visa evitar algum inconveniente.

Ad corpus. Por corpo; pelo todo. Expressão usada para exprimir a venda de um imóvel sem que se meça sua área (opõe-se à venda *ad mensuram).*

Ad curiam. Baseado na autoridade dos acórdãos.

Ad diem. Prazo final para o cumprimento de uma obrigação; dia final do prazo.

Addenda. Coisas que devem ser acrescentadas.

Ad finem. Até o fim; até o extremo.

Ad hominem. Ao homem; contra o homem.

Ad hoc. Para isto. Diz-se da pessoa ou coisa preparada para certa missão ou circunstância.

Ad instar. À semelhança.

Ad interim. Provisoriamente.

Ad judicem dicere. Falar perante o juiz.

Ad judicia. Para o foro judicial; diz-se do mandato judicial outorgado ao advogado pelo mandante.

Ad jura renunciata non datur regressus. Não se dá regresso a direitos renunciados.

Ad libitum. À vontade; à escolha.

Ad litem. Para o litígio; para o processo; procuração ou mandato para determinado processo.

Ad literam. Ao pé da letra; literalmente.

Ad litteris et verbis. Letra por letra, palavra por palavra.

Ad mensuram. De acordo com a medida. Venda de acordo com o peso ou a medida. Alienação de imóveis com limites, encerrando área certa.

Ad necessitarem. Por necessidade.

Ad negotia. Para os negócios. Diz-se de procuração outorgada para a efetivação de negócio ou extrajudicial.

Ad nutum. À ordem; à vontade; "por um aceno de cabeça". Funcionário demissível *ad nutum* é aquele que pode ser demitido por ato da livre vontade da administração.

Ad perpetuam rei memoriam. Para perpétua lembrança da coisa, do fato.

Ad pompam. Por mera encenação, com o intuito de fazer supor capacidade financeira: documento exibido (por falsário) *ad pompam*.

Ad probandum tantum. Somente para provar.

Ad probationem. A título de prova.

Ad quem. Diz-se do juiz ou tribunal perante o qual se recorre de sentença ou despacho de juiz de instância inferior; ainda, dia marcado para a execução de uma obrigação.

Ad referendum. Na dependência de aprovação da autoridade competente; na dependência de ser confirmado, de ser aprovado; para ser referendado (por autoridade ou pelo poder competente).

Ad rem. Diz-se do direito ligado a determinada coisa.

Ad retro. Diz-se do pacto em que o vendedor tem o direito de reaver a coisa vendida (retrovenda).

Ad solemnitatem. Para a solenidade. Diz-se do requisito da lei para a forma essencial ou intrínseca do ato e sua validade.

Ad substantiam actus. Para a substância do ato; diz-se do instrumento público, se exigido como formalidade solene.

Ad tempus. No devido tempo, em boa ocasião, a tempo.

Ad valorem. Segundo o valor. Diz-se da tributação feita de acordo com o valor declarado da mercadoria importada ou exportada, e não de acordo com seu peso, volume, espécie ou quantidade.

Ad usum. Segundo o uso, costume; para ser usado por.

Aequo animo. Com ânimo igual; com constância.

Affectio societatis. Vontade de constituir e manter uma sociedade e sem a qual ela não pode subsistir.

Affectio tenendi. Vontade de deter a coisa.

Affirmans probat. O que afirma, prova.

Agere invitus nemo compellitur. Ninguém é compelido a agir contra a vontade.

Alieno nomine detinendi. Deter em nome alheio.

Aliud est celare, aliud tacere. Uma coisa é esconder, outra calar.

Aliud est dare, aliud promittere. Uma coisa é dar, outra prometer.

Alter ego. Outro eu, isto é, pessoa em quem confio como se fosse eu próprio.

Animus abandonandi. Intenção de abandonar.*

Animus abutendi. Intenção de abusar.

Animus adjuvandi. Intenção de ajudar.

Animus aemulandi. Intenção de imitar, reproduzir, copiar.

Animus alieno nomine tenendi. Intenção de possuir ern nome de terceiro.

Animus ambulandi. Intenção de ir e vir.

Animus calumniandi. Intenção de caluniar.

Animus cancellandi. Intenção de cancelar, anular.

Animus cetandi. Intenção de ocultar.

Animus confitendi. Intenção de pactuar.

Animus consultendi. Intenção de consultar.

Animus contrahendi. Intenção de contratar.

Animus corrigendi. Intenção de corrigir.

Animus custodiendi. Intenção de proteger.

Animus damni vitandi. Intenção de evitar dano.

Animus decipiendi. Intenção de enganar.

Animus delinquendi. Intenção criminosa.

Animus derelinquendi. Intenção de abandonar.

Animus differendi. Intenção de retardar, prorrogar.

Animus dolandi. Intenção dolosa.

Animus domini. Intenção de senhor, de dono, de possuir a coisa para si.

Animus donandi. Intenção de dar, doar.

Animus falsandi. Intenção de mentir.

Animus furandi. Intenção de furtar.

Animus habendi. Intenção de ter, de possuir.

Animus injuriandi. Intenção de injuriar.

Animus jocandi. Intenção de gracejar.

Animus laedandi. Intenção de ofender, ferir.

Animus lucri faciendi. Intenção de tirar proveito, lucro.

Animus manendi. Intenção de ficar no mesmo lugar.

Animus necandi. Intenção de matar.

Animus nocendi. Intenção de prejudicar, fazer mal, ferir.

Animus obligandi. Intenção de obrigar.

Animus recipiendi. Intenção de receber.

Animus rem sibi habendi. Intenção de ter a coisa para si.

Animus retinendi possessionem. Intenção de conservar a posse.

Animus restituendi. Intenção de restituir.

Animus simulandi. Intenção de simular.

Animus tenendi. Intenção de ter.

Animus violandi. Intenção de violar.

Ante litem. Antes do litígio. Antes de proposta a ação ou como ato preparatório para ela, antes da lide.

Apud. Ao pé, junto de, à vista de.

Apud acta. Nos autos; junto aos autos (procuração –).

Argumentum ad crumenam. Suborno; usar a bolsa de dinheiro como argumento.

Argumentum baculinum. Argumento do bastão; fazer uso de força para convencer.

Audaces fortuna juvat. A sorte favorece aos audaciosos.

A vero domino. Pelo verdadeiro dono, proprietário.

Bis dat, qui cito dat. Quem dá depressa dá duas vezes.

Bis de eadem re non sit actio. Não haja dupla ação sobre a mesma pendência.

Bis in idem. Duas vezes a mesma coisa.

Bis peccat qui crimen negat. Quem nega um crime, é duas vezes culpado.

Bona fide. De boa-fé.

Bona fides est primum mobile et spiritus vivificans commercii. A boa-fé é o primeiro móvel e o espírito vivificador do comércio.

Boni mores. Bons costumes.

Bono publico usucapio introducta est, ne scilicet quarundam rerum diu et fere semper incerta dominia essent. O usucapião foi introduzido para o bem público, a fim de que certas coisas não ficassem por muito tempo e inteiramente sob domínio incerto.

Bonus quilebe tpraesumitur. Presume-se que cada um seja bom.

Calumnia litium. Trapaça das lides, chicana.

Capitis diminutio. Diminuição de capacidade; significa perda de autoridade. Perda dos direitos civis; redução de um direito.

Castigat ridendo mores. É rindo que se castiga os costumes.

Casus belli. Motivo de guerra.

Casus exceptusfirmat regulam. A exceção firma a regra.

Causa appellationis est diversa causis principalis et instantia diversa est. A causa da apelação é diversa da causa principal e é instância diversa.

Causa causae causa causati. A causa da causa é causa do causado.

Causa cognita. Causa conhecida ou por causa conhecida.

Causa cognoscitur ab effectu. Conhece-se a causa pelo efeito.

Causa criminalis non praejudicat civili. A ação criminal não prejudica a civil.

Causa debendi. Causa da dívida.

Causa debet praecedere effectum. A causa deve preceder o efeito.

Causa detentionis. Causa da detenção.

Causa donandi. Causa da doação.

Causa efficiens matrimonii est mutuus consensus. A causa eficiente do matrimônio é o rnútuo consentimento.

Causa est ratio per quam aliquid datur vel fit. A causa é a razão pela qual se dá ou se faz alguma coisa.

Causa mortis. A causa da morte. Ainda, imposto pago sobre a importância líquida da herança ou legado.

Causa naturalis praevalet civili. A causa natural prevalece sobre a civil.

Causa obligationis. Causa da obrigação. Fundamento jurídico de uma obrigação.

Causa patrocinio non bona pejor erit. A causa má torna-se pior se a queremos defender.

Causa petendi. A causa de pedir. Fato que serve para fundamentar uma ação.

Causa possessionis. Causa da posse. Fundamento jurídico da posse.

Causa principalis semper attendit debet. A causa principal deve sempre ser atendida.

Causa proxima actionis. Causa próxima da ação.

Causa traditionis. Causa da entrega.

Causa turpis. Causa torpe. Diz-se da causa obrigacional ilícita ou desonesta.

Cautio de bene utendo. Caução (ou: a providência) para usar o bem.

Cautio de bene vivendo. Caução (ou: a providência) para viver bem.

Cautio de restituendo. Caução de restituição.

Cautio quae ante reorum citationem praestari debet ab auctore. Caução que deve ser prestada pelo autor antes da citação dos réus.

Cautio subrogatur loco sequestri. A caução fica subrrogada em lugar do sequestro.

Cessante causa tollitur effectus. Cessando a causa, tira-se o efeito.

Cessante ratione legis, cessat ejus dispositio. Cessando a razão da lei, cessa aquilo sobre que ela dispõe.

Cessionarius habetur pro creditore qui in omne jus cedentis succedit. Tem-se por credor o cessionário que sucede em todo direito do cedente.

Citatio est fundamentum totius judicii. A citação é o fundamento de todo Direito.

Citatio remanet circunducta auctore non comparente in termino ad quem reum citari tacit. A citação fica circunduta não comparecendo o autor no termo para o qual faz ser citado o réu.

Citra petitum. Aquém do pedido, menos do que foi pedido.

Cives, origo; incolas, domicilium facit. A origem faz o cidadão; o domicílio, os habitantes.

Civilis ratio civilia quidem jura corrumpere potest, naturalis vero non potest. A lei pode, de certo, mudar os direitos civis mas não pode mudar os naturais.

Clandestina possessio. Posse clandestina.

Codicillis nemo heres institui potest, neque exheredari, quamvis testamento confirmati sunt. Ninguém pode ser instituído herdeiro, nem deserdado por codicilos, embora sejam confirmados por testamento.

Codicilios autem etiam plures quis facere potest. Pode alguém fazer, também, muitos codicilos.

Coemptio, imaginaria venditio. A coempção é uma venda imaginária.

Cogitationis poenam nemo patitur. Ninguém sofre a pena do pensamento.

Cognitio extra ordinem. Conhecimento fora de ordem.

Colorem habent, substatiam vero nullam. Têm aparência, mas não têm substância.

Commendare nihil aliud est quam deponere. Depositar nada mais é do que confiar.

Commerciandi libertas ex jure est primario gentium quod naturalem et perpetuam causam habere. A liberdade de comerciar é, primariamente, do direito das pessoas, por que tem causa natural e perpétua.

Communis error. Erro comum.

Compensatio est instar solutionis. A compensação assemelha-se ao pagamento.

Concessa venia. O mesmo que *Data venia*.

Concursus delictorum. Concurso de crimes.

Concursus delinquentium. Concurso de criminoso, coautoria.

Conditio juris. Condição de direito. Condição, circunstância ou formalidade indispensável para que um ato jurídico tenha validade.

Conditio sine causa. Condição sem causa.

Conditio sine qua non. Condição sem a qual não…

Confessio est probatio omnibus melior. A confissão é a melhor prova de todas.

Conscientia fraudis. Consciência da fraude.

Conscientia sceleris. Consciência do crime.

Consensus nuptias facit, dissensus divortium facit. O consentimento faz o casamento, o dissenso faz o divórcio.

Consensus omnium. Assentimento, concordância geral.

Consilium fraudis. Conluio fraudulento.

Consuetudo est optima legum interpres. O costume é o melhor intérprete das leis.

Consuetudo jus est moribus constituem. O uso é um direito fundamental sobre os direitos.

Consuetudo parem vim habet cum rege. O costume tem força igual à da lei.

Constituti. Cláusula de posse precária, por tradição ficta.

Contra legem. Aquilo que ou o que é contrário à lei.

Conventio est lex. O que foi ajustado deve ser cumprido.

Copiae non plus credendum quam originali. Não se deve crer mais na cópia do que no original.

Coram lege. Ante a lei.

Corpus alienum. Coisa estranha, que não é objeto da lide.

Corpus delicti. O corpo do delito. Objeto, instrumento ou sinal que prova a existência do delito.

Creditor ad petitionem debiti urgeri minime potest. O credor não pode antecipar o pedido do débito, de modo algum.

Creditor, si pegnus accepit, vere obligatur. O credor, se recebeu o penhor, obriga-se realmente.

Crimen privilegiatum. Crime privilegiado.

Cui prodest? Quem se beneficia?

Cuique licet juri in favore suo introducto renuntiare. A cada um é lícito renunciar ao direito criado em seu favor.

Cuique suum. A cada um o que é seu.

Cujus est dare, ejus disponere. Quem dá, pode dispor.

Culpa in abstracto. A culpa, considerada de modo abstrato.

Culpa in concreto. A culpa, considerada concretamente.

Culpa in contrahendo. Culpa numa contratação, no contratar.

Culpa in eligendo. Culpa que ocorre ao se escolher a pessoa que deve prestar uma obrigação.

Culpa in faciendo. Culpa na forma de prestar uma obrigação.

Culpa in omittendo. Culpa por omissão, omissão de que acabou resultando um dano, um prejuízo.

Culpa in vigilando. Culpa que surge pela maneira errada ou ineficaz como vigiamos a execução de algo por outra pessoa que disto fora incumbida.

Culpa ubi non est, nec poena esse debet. Onde não há culpa, nem pena deve haver.

Cum moderatione inculpata tutela. Legítima defesa com moderação.

Cum quibus. Com que meios, com que recursos.

Da mihi factum dabo tibi jus. Dá-me o fato, dar-te-ei o direito. Dito de outra maneira: exposto o fato, o magistrado aplicará o direito, ainda que não alegado o dispositivo legal.

Damnum emergens. É aquele que afeta (dano emergente) diretamente o patrimônio de quem o sofreu. Atente-se que é diferente do *lucrum cessans,* ou lucros cessantes, aqueles que o credor deixou de auferir, devido ao dano.

Damnum injuria datum. Dano produzido pela injúria.

Dammum rei amissae. Dano de coisa perdida.

Damnum rei amittendae. Dano de coisa a se perder.

Data venia. Com a devida licença; com a devida permissão.

Datio in solutum. Dação em pagamento.

De auditu. De ouvir dizer; por ouvir dizer, saber por ter ouvido.

De commodo et de incommodo. Da vantagem e da desvantagem.

De cujus. O falecido. Aquele(a) de cujo(a). Palavras iniciais da forma "De cujus successione agitur" de cuja sucessão se trata. Sinônimo, pois, de pessoa inventariada.

De facto. De fato. Diz-se das circunstâncias ou provas materiais que têm existência objetiva ou real.

De jure. De direito (por oposição a *De facto*).

De jure constituendo. Do direito de constituir.

De jure constituto. Pelo direito vigente.

De jure et de facto. De direito e de fato.

De jure publico. Do direito público.

De jure sacro. Do direito sagrado.

De lege ferenda. Da lei a ser criada.

De lege lata. Pela lei existente, encarada em seu sentido mais amplo, geral.

De meritis. Pelo mérito, pelo que é merecido. Quer dizer, resolvidas as questões prévias da causa, examina-se o mérito, isto é, a questão básica.

De minimis non curat lex. A lei não se ocupa das coisas menores, mínimas.

De momento ad momentum. De momento a momento.

De persona ad personam. De pessoa a pessoa.

De plano. Sem dificuldade.

De pleno jure. De pleno Direito.

De verbo ad verbum. Palavra por palavra, literalmente (aplica-se à transcrição de escrituras e outros documentos).

De visu. De vista. De o ter visto. Testemunha de *visu* é a que testemunhou determinado fato.

De visu et de auditu. De vista e de ouvido.

Debitum conjugale. Recusa de ter relações sexuais com o cônjuge

Deceptus. Parte enganada em um contrato, por vício de vontade.

Decisio litis. Decisão da causa.

Decoctus perdit administrationem suorum bonorum. O falido perde a administração de seus bens.

Delicta facti permanentis. Os delitos feitos com vestígios.

Delicta omissionis. Crimes de omissão.

Delicto facti transeuntis. Os delitos feitos sem vestígios.

Depositum est quiquid ad custodiendum datum est. Depósito é tudo aquilo que foi dado a alguém para guardar.

Desideratum. O que se deseja.

Dictum unius, dictum nullius. Aquilo (palavra) que é dito por urna só pessoa, é o mesmo que ninguém o tivesse dito.

Dis a quo non computatur in termino. O dia do começo não se computa no prazo.

Dies cedit. Dia inicial.

Dies certus et locus specificus sunt de substantia literarum cambii. O dia certo e o lugar específico são da substância da letra de câmbio.

Dies incertus. Dia incerto.

Dies termini computatur in termino. O dia do vencimento se conta no termo.

Dies venit. Dia do vencimento.

Difficilem rem est postulare. Coisa difícil é postular.

Dilatoriae sunt exceptiones quae ad tempus valent. Dilatórias são as exceções que valem por certo tempo.

Diminutio patrimonii. Diminuição do patrimônio.

Disjecta membra. Elementos dispersos.

Disputatio fori. Disputa do foro.

Diversitas fori non debet meritum causae vetiare. A diversidade de foro não deve viciar o mérito da causa.

Diversitas rationis, diversitatem juris inducit. A diversidade da razão induz à diversidade de direito.

Divisio facta cum inaequalitate vel sine aequitate nulla est et infecta habetur. A divisão feita com desigualdade ou sem equidade é nula e tem-se por inexistente.

Divortium est quod in diversas partes eunt qui discedunt. É denominado divórcio porque vão para partes diversas os que se separam.

Dixi. Tenho dito.

Do ut des. Dou para que dês. Norma de contrato oneroso bilateral.

Do out facias. Dou para que faças. Norma admitida em contrato bilateral, quando uma das partes oferece dinheiro pela prestação de serviços de outra.

Dolo facere videtur qui id quo potest restituere non restituir. Parece agir com dolo quem não restitui, quando pode restituir.

Dolus apertus. Dolo evidente.

Dolus vilatus. Dolo disfarçado.

Dominium est jus in re corporati. O domínio é o direito na coisa corporal.

Dominus litis. Dono da lide, autor, o que manda na ação.

Dominus soli. Dono do solo.

Donatio est aliud genus acquisitionis. A doação é outro gênero de aquisição.

Donatio omnium bonorum, reservato sibi usufructo, valida est. É válida a doação de todos os bens, reservado para si o usufruto.

Donatio sub modo. Doação sob condição.

Dormientibus non sucurrit jus. O direito não ajuda (socorre) os que dormem, ou negligenciam em seu uso ou defesa.

Dubia in meliorem partem interpretari debent. A coisa duvidosa deve ser interpretada pelo lado melhor.

Dura lex, sed lex. A lei é dura, mas é a lei. Ainda que exija sacrifícios, a lei deve ser cumprida.

Ea quae in partes dividi non possunt, solida a singulis heredibus debentur. As coisas que não podem ser divididas são devidas inteiras a cada um dos herdeiros.

Editiones causae in aequitate fundatur. A propositura da causa se funda na equidade.

Effectus durat durante causa. Dura o efeito enquanto dura a causa.

Effectus sceleris. Resultado do crime.

Ei enim cedit cujus maior est species. A coisa de menor espécie cede à maior.

Ei incumbit probatio qui dicit, non qui negat. Àquele que afirma e não ao que nega incumbe a prova.

Emptor nummos venditoris facere cogitur. O comprador é obrigado a dar o dinheiro do vendedor.

Eodem jure quo re contrahitur, dissolvitur. Do mesmo modo como se contrata um negócio, se distrata.

Epistola si recognita non fuerit, non facit probationen. Se a carta não for reconhecida, não faz prova.

Erga omnes. Contra todos.

Erga tertius. Contra terceiros. Diz-se do efeito do ato ou do contrato para com terceiros alheios à relação jurídica entabulada. Para valer contra terceiros, um documento tem de ser registrado.

Errando corrigitur error. Errando se corrige o erro.

Errare humanum est. Errar é humano; é próprio dos homens errar.

Error calculi non facit jus. O erro de cálculo não faz direito.

Error communis facit jus. O erro comum faz o direito.

Erros facti. Erro de fato.

Error in negotio. Erro sobre a natureza do ato.

Error in objecto. Erro quanto ao objeto.

Error in procedendo. Erro no procedimento.

Error juris. Erro de direito.

Error juris non excusat. O erro de direito não desculpa.

Est modus in rebus. Há uma maneira de ser nas coisas; há um limite nas coisas.

Et crimine ab uno disce omnes. E por um crime aprendeu a conhecer todos.

Et reliqua. E o restante.

Eventus damni. Resultado do dano, elemento objetivo de fraude.

Ex abrupto. De repente; inopinadamente; subitamente; sem preparação.

Ex aequo. Com igual direito; segundo a equidade; com igual mérito.

Ex aequo et bono. De acordo com a equidade natural.

Ex adverso. Do lado contrário, isto é, o advogado da parte contrária.

Ex auctoritate judicis decidunter controversiae. As controvérsias são decididas pela autoridade do juiz.

Ex auctoritate legis. Por força da lei.

Ex auctoritate propria. Pela sua própria autoridade; sem delegação.

Ex auditu alieno. Por ouvido alheio, por ouvir dizer.

Ex cathedra. De cadeira, no sentido de falar, agir com autoridade.

Ex causa. Em consequência de; pela causa; diz-se das custas pagas pela parte que requer ou promove certo ato que só a ela interessa.

Ex commodo. À vontade.

Ex consensu. Pelo consenso, com o assentimento do(s) outro(s).

Ex die. Termo inicial (prazo).

Ex die quo promulgara est. Do dia em que foi promulgada.

Ex dispositione juris. Por disposição do direito.

Ex empto. Segundo o contrato de compra e venda.

Ex facto oritur jus. Do fato nasce o direito.

Ex jure alieno. Por direito alheio (de terceiro).

Ex justa causa. Por uma causa justa.

Ex lege. Por força da lei; da lei; pela lei; de conformidade com a lei.

Ex legibus. Consoante às leis.

Ex locato. Locução que se usa para exprimir relação locativa, existente entre locador e locatário, por força do contrato.

Ex more. Conforme o costume.

Ex mandato. Por mandato; em razão de mandato.

Ex nunc. Desde agora. Diz-se, por exemplo, da nulidade de ato *ex nunc,* cujos efeitos se manifestam desde a declaração de nulidade.

Ex officio. Por obrigação; por dever do cargo. Diz-se do ato realizado sem provocação das partes; por ofício; por lei; em virtude da função.

Ex pactione. Obrigação contraída por contrato.

Ex positis. Do que ficou estabelecido.

Ex potestate legis. Por força da lei.

Ex praedicto. Conforme o ajustado; conforme o combinado.

Ex professo. Com conhecimento profundo; em razão da autoridade ou experiência de alguém.

Ex proprio jure. Por direito próprio.

Ex radice. Pela raiz; inteiramente; radicalmente. Em geral, emprega-se para indicar casos de nulidades absolutas, nas quais se exige completo desfazimento de um contrato, de um negócio ou de um ato jurídico. Ex.: contrato anulado *ex radice*.

Ex ratione loci. Em razão do lugar.

Ex ratione materiae. Em razão da matéria.

Ex ratione personae. Em razão da pessoa.

Ex rigore juris. Conforme o rigor da lei.

Ex scripto tuo te judico. Julgo-te por teu escrito.

Ex toto corde. De todo o coração.

Ex tunc. Desde então. Nulidade cujos efeitos retroagem ao ato declarado nulo.

Ex vi. Por força; por determinação de; em decorrência do que preceitua a lei.

Ex vi contractus. Por força do contrato.

Ex vi legis. – Em virtude da lei; por efeito da lei.

Ex voluntate. O que provém da vontade; de acordo com a vontade.

Ex voto. Segundo a promessa; segundo o que foi prometido.

Exceptio declinatoria fori. Exceção de incompetência de foro.

Exceptio divisionis. Exceção de divisão.

Exceptio dominii. Exceção de domínio.

Exceptio ordinis. Exceção de ordem.

Exceptio praescriptionis. Exceção de prescrição.

Exceptio quod vi, clam aut precario. Exceção de posse violenta, clandestina ou precária.

Exceptio rei judicatae. Exceção de coisa julgada.

Exceptio rei venditae et traditae. Exceção de coisa vendida e entregue.

Exceptio suspicionis. Exceção de suspeição.

Exceptio veritatis. Exceção da verdade.

Exceptiones peremptoriae. Exceções peremptórias.

Exempli gratia. Por exemplo.

Exequatur. Execute-se; cumpra-se.

Expensa litis. Despesas judiciais.

Expressis verbis. Com palavras taxativas, categóricas.

Extra petita. Além do pedido. Diz-se de um julgamento proferido em desacordo com o pedido ou natureza da coisa.

Fac-simile. Reprodução exata de um original.

Facio ut des. Faço para que dês. Norma de contrato bilateral.

Facio ut facias. Faço para que faças. Contrato em que o pagamento de um serviço se faz mediante a prestação de outro serviço.

Facti narratio non facit jus. A narração de um fato não faz o direito.

Facti species. A espécie do fato.

Factum principis. Fato do príncipe. Cessação de trabalho por determinação da autoridade pública, sem culpa do empregador.

Factum probandum. Fato a ser provado.

Factum negantis, nulla probatio est. Nenhuma prova se exige de quem nega o fato.

Facultas agendi. A faculdade de agir.

Falsa causa non est causa. Causa falsa não é causa.

Falsa demonstratio non nocet. Ainda que errada ou inadequada, uma demonstração não pode prejudicar um direito alegado.

Falsum largissime sumptum, est is quo non est verum. Tomado no sentido amplo, falso é tudo o que não é verdadeiro.

Falsus creditor est qui se simulat creditorem. Credor falso é o que se simula credor.

Feci quod potuit, faciant meliora potentes. Fiz o que pude, façam melhor os que puderem.

Fictio importat veritatem. A ficção supõe a verdade.

Fideicomissum. Fideicomisso.

Fideijussio. Fiança.

Fides scripturae est indivisibilis. A fé da escritura é indivisível.

Filius, ergo heres. Filho; logo, herdeiro.

Finis coronat opus. O fim coroa a obra.

Finita causa, cessat effectus. Finda a causa, cessa o efeito.

Flagrante delicto. Em flagrante delito; ao consumar o delito; diz-se do momento exato em que o indivíduo é surpreendido a cometer ato criminoso ou enquanto foge.

Forum continentiae causarum. Foro de conexão de causas.

Forum destinatae solutionis causatur ab expresso consensu portium. O foro do contrato é determinado por expresso consentimento das partes.

Forum rei sitae. Foro da situação da coisa.

Fraus inter proximos facile praesumitur. Facilmente se presume a fraude entre parentes.

Fraus omnia corrumpit. A fraude tudo corrompe, ou produz nulidade.

Fructus augent hereditatem. Os frutos aumentam a herança.

Fuga rei. Fuga do réu.

Fugit irreparabile tempus. Corre o tempo, inexoravelmente.

Fumus boni juris. Aparência, pressentimento de validade jurídica de algo que se alega.

Fundamentum omnis humanae societatis. O fundamento de toda sociedade humana.

Furtum sine contractatione fieri non potest. Não se pode furtar sem subtração.

G

Gratia argumentandi. Pelo prazer de argumentar.

Grave est fidem fallere. É grave faltar à fidelidade.

Gravi testis. Diz-se da testemunha digna de fé.

Grosso modo. De modo geral; por alto; sem ir a fundo na questão.

Habeas corpus: Que tenhas o teu corpo. Meio extraordinário de garantia e proteger com presteza quem sofre violência ou ameaça de constrangimento ilegal na sua liberdade de locomoção por parte de autoridade legítima.

Haberem pro veritate: Ter-se por verdade.

Hareditarius, c, um. Hereditário, pertencente a herança, transmitido por herança ou sucessão.

Hastae subjicere. Vender em leilão público.

Hastam ponere. Fazer um leilão. Por a leilão.

Heredem constiuo habeo sed habere sperat. O herdeiro ainda não possui, mas espera possuir.

Heredi rerum communium est. É permitido dar cessão ao herdeiro.

Hereditas defuncti personam sustinet. A herança representa a pessoa do defunto.

Heres et pars sui contribuatur hostiari posse. O herdeiro pode ser constituído possuidor ou sob condição.

Hic et nunc. Aqui e agora; imediatamente; sem mais demora.

Habeas corpus. Que tenhas o teu corpo. Meio extraordinário de garantir e proteger com presteza quem sofre violência ou ameaça de constrangimento ilegal na sua liberdade de locomoção por parte da autoridade legítima.

Habentur pro veritate. Tem-se por verdade.

Haereditarius, a, um. Hereditário, pertencente a herança, transmitido por herança ou sucessão.

Hastae subjicere. Vender em leilão público.

Hastam ponere. Fazer um leilão. Pôr a leilão.

Heredem nondum habet sed habere sperat. O herdeiro ainda não possui, mas espera possuir.

Heredi cavere concessum est. É permitido dar caução ao herdeiro.

Hereditas defuncti personam sustinet. A herança representa a pessoa do defunto.

Heres et pure sub conditione institui posse. O herdeiro pode ser constituído puramente ou sob condição.

Hic et nunc. Aqui e agora; imediatamente; sem mais demora.

Hoc est. Isto é.

Hoc ipsum est. Eis o caso.

Hoc modo. Deste modo; desta maneira.

Homicidium proditorium. Homicídio à traição.

Homo forensis. O advogado.

Honesta fama est alterum patrimonium. Boa reputação é um segundo patrimônio.

Honeste vivere, neminem laedere, suum cuique tribuere. Belo aforismo, de validade perene: Viver honestamente, não lesar ninguém, dar a cada um o seu.

Honoris causa. Por título honorífico.

Horresco referens. Causa-me horror mencionar este fato; tremo ao mencionar isto.

Ibi. Aí, ali (lugar).

Ibidem. Aí mesmo, no mesmo lugar.

Id quod plerumque accidit. O que acontece frequentemente.

Idem. O mesmo, a mesma coisa.

Ignorantia facti et jus. Ignorância de fato e de direito.

Ignorantia juris. Ignorância de direito.

Ignorantia juris neminem excusat. A ignorância da lei não escusa ninguém.

Ignoti nulla cupido. Nenhum desejo se tem do que se ignora.

Ille que non certum habet domicilium in quo habitet. Aquele que não tem domicílio certo em que habite.

Imitatio veri. Imitação do verdadeiro, falsidade material.

Immutatio veri. Alteração da verdade declarada em um documento. Falsidade ideológica.

Impossibile praeceptum judicis nullius esse momenti. Não tem valor o mandado do juiz acerca de coisa impossível.

Improbus administrator. Administrador desonesto.

Improbus litigator. Litigante desonesto. O que entra numa demanda sem direito, por ambição ou malícia, por exemplo.

Imputatio facti. Imputação de fato.

In absentia. Na ausência. Diz-se do julgamento a que o réu não comparece.

In abstrato. Em tese; em teoria; fora do contexto objetivo.

In actu. No ato; no momento da ação.

In aeterno. Para sempre, eternamente.

In albis. É como se denomina o prazo em que não se tomou uma providência aguardada: prazo que decorreu *in albis*.

In alieno nomine. Em nome alheio.

In ambiguo. Na dúvida.

In aperto. Abertamente; sem dissimulação; claramente.

In apicibus juris. Nas sutilezas do direito.

In articulo mortis. Em caso de morte iminente.

In bonae fidei. De boa-fé.

In casu. No caso, na causa, na matéria em julgamento.

In connexis idem est judicium. Nas causas conexas o juízo é um só.

In claris fit interpretatio. As leis claras interpretam-se por si mesmas.

In diem. Para um dia indeterminado.

In dubio, contra fiscum. Na dúvida, contra o fisco.

In dubio, pro reo. Em caso de dúvida, a favor do réu.

In extenso. Por extenso, isto é, na íntegra; por inteiro; não abreviado.

In extremis. No último momento. O mesmo que *in articulo mortis*.

In fine. No fim. Final de um parágrafo, de um capítulo, de um livro.

In foro conscientiae. No tribunal da consciência.

In fraudem legis. Em fraude da lei, fraudulentamente.

In genere. Genericamente, geralmente.

In initio litis. No início da lide.

In integrum restituere. Restituir por inteiro.

In jure. Em juízo; diante do magistrado.

In jure cessio. Cessão ou transferência de propriedade por meio de declaração perante um tribunal.

In jus vocatio. Chamamento a juízo, citação.

In limine. À primeira vista; logo de início, no liminar, isto é, logo no início do processo.

In limine litis. No limiar do processo, no momento em que ele é encaminhado ao tribunal.

In litem. Na lide.

In loco. No lugar.

In manu. No poder de alguém.

In media res. No meio da ação, da coisa.

In memoriam. Em lembrança de.

In mente. Na mente; no pensamento; na intenção.

In morem. Segundo o costume.

In naturalibus. Em estado de nudez.

In nomine. Só de nome.

In odio. De propósito contra alguém; por ódio a alguém.

In pari causa. Em caso semelhante; nas mesmas circunstâncias.

In pari materia. Em matéria idêntica.

In poculis. Nos copos, isto é, resolução tomada depois de muita bebedeira.

In probationibus tota viz judicii est. Nas provas, está toda a força do juízo.

In quo vis. Naquilo que queres. Expressão usada em seguro marítimo, quando não se menciona o navio.

In radice. Na raiz, no começo, a princípio.

In re. Na coisa.

In re ipsa. Inerente à própria coisa, intrínseco.

In rem verso. Em proveito alheio.

In rerum natura. Na natureza das coisas, na realidade.

In situ. No lugar próprio, determinado.

In solido. No sólido, na massa, na totalidade.

In solidum. Solidariamente.

In solutum. Expressão usada no caso de dação em pagamento. Dação.

In specie. Na espécie, no caso concreto.

In tempore. Em tempo oportuno; no devido tempo.

In terminis. Em termos; no fim; decisão final que encerra o processo; nas palavras finais, nas últimas considerações.

In totum. No todo; na totalidade; a coisa vista em sua totalidade.

In utroque jure. Em ambos os direitos, o civil e o canônico.

In verbis. Nas palavras; conforme as palavras; nestes termos.

Inaudita altera pars. Sem que a outra parte fosse ouvida.

Incidenter tantum. Incidentalmente. Questões apreciadas como acidente da causa.

Indebiti solutio. Pagamento indevido.

Informatio delicti. Investigação do delito.

Instrumenta sceleris. Instrumento do crime.

Intelligenti pauca. Para quem é inteligente, bastam poucas palavras.

Intentio criminis. Intenção criminosa.

Intentio legis. Intenção da lei.

Intentio litis. Objetivo da demanda.

Interdictum de clandestina possessione. Interdito de posse clandestina.

Interposita persona. Pessoa interposta. Diz-se de quem comparece a um ato jurídico em nome próprio, mas no interesse de outrem, que deseja permanecer oculto.

Interpretatio servanda est cui verba respondeant. Deve-se aceitar a interpretação que estiver mais de acordo com a letra da lei.

Intervivos. Diz-se da doação propriamente dita, com efeito atual, realizada de modo irrevogável, em vida do doador.

Intra legem. Estar dentro da lei; previsto na lei.

Intra tempora. Dentro do prazo legal.

Intuitu personae. Em consideração à pessoa. Diz-se do ato jurídico levado a efeito em virtude de determinada pessoa.

Invitio creditore. Sem o consentimento do credor.

Invitio debitore. Sem o consentimento do devedor.

Invitus agere nemo cogatur. Ninguém é obrigado a agir em juízo.

Ipsis litteris. Com as rnesmas letras, textualmente.

Ipsis verbis. Com as mesmas palavras, com as próprias palavras, sem tirar nem pôr.

Ipso facto. Só pelo mesmo fato; pelo mesmo fato; por isso mesmo; consequentemente.

Ipso jure. Em razão do próprio direito; pelo mesrno direito; sem intervenção da parte.

Is pater est, quem justae nuptiae demonstrant. Pai é aquele que o casamento legal indica.

Ita lex dicit Assim diz a lei.

Ita speratur. Assim se espera.

Iter criminis. O caminho do crime, atos cujo encadeamento contribui para a execução (ou caracterização) de um crime.

J

Judex suspectus. Juiz suspeito.

Judex ultra petita condemnare non potest. O juiz não pode condenar além do pedido.

Judicatum solvi. Pague-se o que está julgado.

Judicum accusationis. Juízo de acusação, formação da culpa.

Jure vicinitatis. Direito de vizinhança.

Jure in re aliena. Direito real na coisa alheia.

Jure et de facto. Por direito e de fato.

Jure merito. Justo título.

Jure proprio. Por direito próprio.

Jure representationis. Por direito de representação.

Juris error nulli prodest. O erro de direito a ninguém aproveita.

Juris et de jure. De direito e por direito.

Juris tantum. De direito. O que decorre do próprio direito.

Jus abutendi. Direito de dispor de uma coisa.

Jus accusationis. Direito de acusar.

Jus actionis. Direito de ação.

Jus agendi. Direito de agir, de proceder em juízo.

Jus certum. Direito certo.

Jus civile. Direito civil.

Jus constitutum. Direito constituído, que está em vigor.

Jus domini. Direito de domínio ou de propriedade.

Jus est actio ipsa. O direito é a própria ação.

Jus est ars boni et aequi. O direito é a arte do bom e do justo.

Jus est facultas agendi. O direito é a faculdade de agir.

Jus eundi. Direito de ir e vir.

Jus faciendi. Direito de ter servidão sobre um imóvel.

Jus fruendi. Direito de gozar, de fruir; direito de se gozar da coisa de que se é proprietário.

Jus habendi. Direito de possuir.

Jus humanum. Direito humano.

Jus in re. Direito sobre a coisa.

Jus in re aliena. Direito sobre coisa alheia. É o caso do usufruto, da hipoteca.

Jus in re propria. Direito sobre a coisa própria. É o direito de propriedade pleno.

Jus libertatis. Direito de liberdade.

Jus mancipii. Direito de propriedade.

Jus moribus constitutum. Direito constituído pelos costumes.

Jus poenitendi. Direito de se arrepender, num compromisso de compra e venda.

Jus possessionis. O direito de posse.

Jus possidenti. Direito de possuir.

Jus postulandi. Direito de Postular.

Jus preferendi. Direito de preferência.

Jus proprietas. Direito de propriedade.

Jus privatum. Direito privado; o direito civil.

Jus publicum. Direito público, isto é, das relações do cidadão com o Estado.

Jus puniendi. O direito de punir.

Jus reivindicandi. Direito de reivindicar.

Jus resistentiae. Direito de resistência.

Jus retentionis. Direito de retenção.

Jus sacrum. Direito sagrado, direito religioso.

Jus sanguinis. Direito de sangue. Princípio pelo qual só se reconhecem como nacionais os filhos de pais nascidos no país.

Jus soli. O direito ao solo, de solo. De acordo com este princípio, somos cidadãos do país em que nascemos.

Jus soli sequitur aedificium. O direito do solo acompanha o edifício.

Jus strictum. Direito de aplicação estrita, ou rígida.

Jus suum unicuique tribue. Dê a cada um o seu direito.

Jus utendi. Direito de utilizar.

Jus variandi. Princípio de *jus variandi:* o direito se altera, em função da evolução social, dos costumes, etc.

Justa legem. De acordo com a lei, segundo a lei, conforme a lei.

Justae nuptiae. Justas núpcias. Era como os romanos se referiam ao casamento legal.

Justitia et misericordia coambulant. A justiça e a misericórdia andam juntas.

Laesio famae. Lesão à honra.

Lapsus linguae. Erro de língua, isto é os enganos que cometemos na linguagem falada.

Lapsus loquendi. Lapso no falar. O mesmo que *lapsus linguae*.

Lapsus scribendi. Lapso no escrever.

Lato sensu. Em sentido amplo e geral.

Leges mere poenales. Leis puramente penais.

Legis quo volet dixit, quod non volet tacet. A lei diz o que quer exprimir, e se cala sobre aquilo que não quer dizer.

Lex ad tempus. Lei temporária.

Lex fori. Lei do foro.

Lex gravior. Lei que prejudica o acusado.

Lex legum. Lei das Leis.

Lex loci. Lei do lugar.

Lex loci actus. Lei do lugar do ato.

Lex loci contractus. Lei do local em que foi celebrado o contrato.

Lex loci delicti. Lei do lugar do delito.

Lex posterior derogat priori. A lei posterior derroga a anterior.

Lex rei sitae. Lei da situação da coisa.

Libertas inaestimabilis res est. A liberdade é coisa inestimável.

Libertas pecunia lui non potest. A liberdade não pode ser paga com dinheiro.

Liberum corpus nulla recipit aestimationem. O corpo livre não tem preço.

Lis. Lide.

Litis contestatio. Contestação da lide, da ação.

Loco citado. No trecho citado (geralmente, num livro).

Locus delicti commissi. É o lugar em que foi cometido um crime.

Locus regit actum. O lugar rege o ato — regra de competência.

Lucerna juris. Luz do Direito.

Magis aequo. Mais do que é justo.

Magistratus. Magistrado.

Male captus bene detentus. Mal capturado, bem detido.

Malum quia malum, malum quia prohibitum. É mal porque é mal, é mal porque é proibido.

Mandator. Mandante.

Mandatum. Mandato.

Manu militari. Por mão militar; execução de ordem de autoridade mediante o emprego de força armada.

Manus mariti. Poder de marido.

Mens legis. O espírito, a intenção da lei. Aquilo que ultrapassa o simples sentido literal.

Mens legislatoris. O pensamento, a intenção do legislador.

Meritum causae. O mérito da causa.

Meta optata. O fim desejado, alcançado pelo transgressor da lei, alvo desejado.

Minima de malis. Dos males, os menores.

Minus delictum. Delito menor.

Modus. Modo, medida.

Modus faciendi. Modo de proceder, maneira de fazer.

Modus operandi. Modo de fazer.

Modus vivendi. Modo de viver, maneira de viver.

Mora debendi. Mora do devedor.

More uxorio. De acordo com o costume de casado.

Mores. Costumes, hábitos.

Mortis causa. Por causa da morte. Obrigações e direitos consequentes da morte e que passam aos herdeiros.

Motu proprio. Por deliberação própria; espontaneamente; por sua própria vontade.

Munus. Encargo; emprego; função de uma pessoa.

Mutatio libelli. Mudança da ação ou sua causa.

Mutatis mutandis. Mudando(-se) o que deve ser mudado; feitas certas alterações.

Mutuae actiones tolluntur. As ações mútuas se cancelam.

N

Narra mihi factum, dabo tibi jus. Narra-me os fatos, dar-te-ei o direito.

Naturali jure. Por direito natural.

Ne vestigium quidem. Nem sequer vestígios.

Nec plus ultra. Não (nada) mais além.

Necesse erat. Era necessário.

Negotiorum gestio. Gestão de negócios.

Nemine discrepante. Sem discrepância, por unanimidade, sem que ninguém divirja.

Nemo ad factum precise cogi potest. Ninguém pode ser constrangido a fazer uma coisa.

Nemo dat quod non habet. Ninguém dá o que não tem.

Nemo debet inauditus damnari. Ninguém deve ser condenado sem ser ouvido.

Nemo debet lucrari ex alieno damno. Ninguém deve lucrar com o dano alheio.

Nemo judex in rem suam. Ninguém pode ser juiz em causa própria.

Nemo potest ad impossibile obligari. Ninguém pode ser obrigado ao impossível.

Nemo potest ignorare leges. Ninguém pode alegar ignorância das leis.

Nemo praestat casus fortuitos. Ninguém responde por casos fortuitos.

Neque contra leges, neque contra bonos mores pascici possumus. Não podemos fazer contratos contra as leis, nern contra os bons costumes.

Nomem juris. Denominação legal. Nome de direito, título do crime.

Non bis in idem. Não duas vezes pela mesma coisa. Significa que ninguém pode responder, uma segunda vez, por fato já julgado, ou ser duplamente punido pelo mesmo delito.

Non decet. Não convém, não é permitido.

Non dominus. Não dono, quando nos referimos àquele que não é proprietário da coisa de que se cogita.

Non expedit. Não convém, não consulta aos interesses.

Non liquet. Algo que não foi julgado, que não convence.

Non omne quod licet bonestum est. Nem tudo o que é lícito é honesto.

Non plus ultra. Nada mais além; aquilo que não pode ser ultrapassado.

Non probandum factum notorium. O fato notório não deve ser provado.

Non videtur facere qui jure suo utitur. Não pratica violência quem usa de seu direito.

Norma agendi. Norma de conduta.

Notitia criminis. Notícia, comunicação de um crime.

Nulla actio sine lege. Não pode haver ação sem lei.

Nulla executio sine titulo. Não há execução sem título.

Nulla lex satis commoda omnibus. Nenhuma lei é assaz boa para todos.

Nulla poena sine culpa. Não há pena sem culpa.

Nulla poena sine lege. Não há castigo sem lei.

Nullo labore. Sem custo, sem trabalho.

Nullum crimen sin lege. Não há crime sem lei.

Nunc aut nunquam. Agora ou nunca.

Nunc et semper. Agora e sempre.

O tempora! O mores! Ó (que) tempos! Ó (que) costumes!

Obligatio ad dandum. Obrigação de dar.

Obligatio consensu contrahitur. A obrigação é contraída pela livre convenção entre as partes.

Obligatio contrahitur re. A obrigação se contrai pela coisa.

Obligatio faciendi. Obrigação de fazer, obrigação que tem por objeto a prestação de um fato.

Obligatio impossibilium nulla est. A obrigação de coisas impossíveis é nula.

Oblivio signum negligentiae. O esquecimento é sinal de negligência.

Occasio delicti. Ocasião do crime.

Occasio legis. Ocasião da lei.

Odiosa restringenda, favorabilia amplianda. Significa que o que é detestável, odioso, deve ser restringindo e que o que é favorável deve ser ampliado. Em outras palavras: "em princípio, as disposições que restringem direitos devem ser interpretadas de forma estrita; e de forma ampla as que asseguram direitos ou conferem proteção".

Omissis. Palavra cancelada, omitida, trecho eliminado.

Omne jus constitum est causa hominum. Todo o direito foi instituído por causa dos homens.

Omnium consensu. Com a concordância de todos; por unanimidade.

Omnium rerum mors est extremum. A morte é o extremo de todas as coisas.

Onus probandi. A obrigação de provar; o encargo de provar; cabe ao acusador o trabalho de provar a acusação.

Onus probandi incumbit ei qui agit. O ônus de provar incumbe àquele que aciona.

Ope juris. Por força do direito.

Ope legis. Por força da lei: operar efeitos *ope legis*.

Oportune tempore. No tempo oportuno.

Optima enim interpres legum consuetudo. O costume é ótimo intérprete das leis.

Pacta adjecta. Pactos acrescentados.

Pacta clara, boni amici. Pactos honestos, amigos bons.

Pacta dont legem contractui. As convenções dão lei ao contrato.

Pacta sunt servanda. Há que se cumprir os pactos.

Pacto constituti. Acordo firmado entre quem vende e quem adquire um bem, em decorrência do qual a primeira permanece na posse direta da coisa, mas não com o título de proprietário.

Pacto de contrahendo. Acordo pelo qual as partes se obrigam a celebrar contrato futuro.

Pacto de non alienando. Cláusula agregada ao contrato de compra e venda, em virtude do qual quem compra fica obrigado a não vender a coisa de modo absoluto, parcialmente ou a determinada pessoa.

Pacto de non cedendo. Pacto mediante o qual se proíbe a cessão do direito ou do crédito.

Pacto de non petendo. Pacto de não promover judicialmente a execução de uma dívida.

Pactum sceleris. Pacto do crime.

Pactum servati dominii. Pacto de reserva de domínio.

Par conditio creditorum. Igualdade de condição dos credores.

Pari passu. Ao mesmo tempo; simultaneamente; com passo igual.

Pars est in totum sed totum non est in parte. A parte está no todo, mas o todo não está na parte.

Pars pro toto. A parte pelo todo.

Per dolum. Por dolo. Dolosamente. Por meio de fraude.

Per fas et per nefas. Por todos os meios; por meios lícitos e ilícitos; de qualquer modo.

Per obitum. Por morte.

Penitus extranei. Locução que exprime que estranhos não podem se opor a atos ou contratos em que são terceiros.

Periculum in mora. Perigo de dano pela demora.

Permutatio. Troca.

Persona grata. Pessoa agradável, que será bem recebida.

Pleno jure. De pleno direito.

Poena major absorvit minorem. A pena maior absorve a menor.

Possessio bonae fidei. Posse de boa-fé.

Past mortem. Depois da rnorte.

Post scriptum. Depois do que estava escrito.

Potestas coercendi. Poder de coerção.

Praesumptio juris et de jure. Diz-se da presunção absoluta, que não admite prova em contrário.

Praeter legem. Fora da lei.

Preceptum juris. Preceito jurídico.

Prima facie. À primeira vista.

Prior in tempore, potior in jure. Primeiro no tempo, mais forte ou mais poderoso no direito. Dá a entender que tem mais direito quem o exerceu anteriormente.

Pro domo sua. Em seu próprio benefício.

Pro forma. Por simples formalidade, só para constar.

Pro herede. A título de herdeiro.

Pro possessore. A título de possuidor.

Pro rata. Na, em proporção.

Pro soluto. A título de pagamento, à guisa de pagamento, objetivando valer como pagamento.

Pro solvendo. Quantia destinada a um pagamento.

Probatio. Prova.

Quaestio facti. Questão de fato.

Quaestio juris. Questão de direito.

Qualis pater, talis filius. Tal pai, tal filho.

Qualis vita, finis ita. Tal vida, tal morte. Assim como foi a vida de uma pessoa, será sua morte.

Quantum. Valor pecuniário, quantia, soma em dinheiro ou quantidade indeterminada.

Quantum libet. Quanto deseje, à vontade.

Quantum satis. O quanto baste, o que for suficiente.

Qui appelat, prior agit. Quem apela, age em primeiro lugar.

Qui jure suo utitur neminem laedit. Quem usa do seu direito não prejudica ninguém.

Qui sero solvit, minus solvit. Quem paga tarde demais, acaba pagando menos do que devia.

Qui juris. Qual a solução de direito? Qual a jurisprudência?

Quid plerumque accidit. O que ordinariamente acontece.

Quod nullum est nullum parit effectum. O que é nulo não gera qualquer efeito.

Quum reus moram facit et fidejussor tenetur. Quando o réu incide em mora, o fiador é obrigado.

Rapere in jus. Conduzir a juízo.

Ratio agendi. Diz-se da razão, do motivo principal para que alguém entre com uma ação em juízo.

Ratio est anima legis. A razão é a alma da lei

Ratio juris. Razão do direito. Motivo que alguém encontra no direito em vigor para justificar a interpretação que dá a determinada regra jurídica ou caso concreto.

Ratio legis. A razão da lei. É o espírito que inspirou determinada lei e deve ser levado em conta por quantos procurem esclarecer o seu texto.

Ratione contractus. Em razão do contrato.

Ratione criminis. Em razão do crime.

Ratione domicilii. Em razão do domicílio.

Ratione fori. Em razão do foro.

Ratione loci. Em virtude do local.

Ratione materiae. Em razão da matéria.

Ratione officii. Em razão do ofício.

Ratione personae. Em razão da pessoa.

Rebus sic stantibus. Assim estando as coisas...

Recusatio judicis. Recusa do juiz.

Redhibitio. Redibição, vícios redibitórios.

Reformatio in pejus. Expressão muito utilizada em manifestações dos ministros do Supremo Tribunal Federal, exprimindo reforma de uma sentença para pior. Não se admite que, ao julgar um recurso, um tribunal piore, agrave, uma condenação, sem que para tanto tenha havido recurso da parte contrária.

Rei sitae. Onde a coisa se encontra.

Rem gerere. Administrar seus bens.

Res. Coisa. Juridicamente, é tudo quanto existe na natureza, excetuando o gênero humano.

Res omissa. Coisa perdida.

Res communis omnium. Coisa comum a todos.

Res derelictae. Coisa abandonada, sem dono.

Res dubia. Coisa duvidosa.

Res extra patrimonium. Coisa fora do patrimônio.

Res facti. Estado de fato.

Res furtiva. Coisa, algo que foi objeto de furto.

Res immobilis soli. Coisa móvel, do solo.

Res injudicium deducta. Objeto deduzido em juízo.

Res integra. A coisa inteira.

Res inter alios judicata aliis neque nocet neque prodest. A coisa julgada não pode aproveitar nem prejudicar senão às próprias partes.

Res judicata. Coisa julgada.

Res judicata pro veritate habetur. Aquilo que foi julgado, a coisa julgada, tem-se como verdade.

Res juris. Estado de direito.

Res non verba. Fatos, não palavras.

Res nullius. Coisa sem dono, que não pertence a ninguém.

Res publicae. Coisa pública.

Res soli. Coisa do solo.

Reservati dominii. Reserva de domínio.

Restitutio in integrum. Restituição integral, por inteiro; recuperação da coisa em seu estado original.

Retro. Atrás.

Reus excipiendo fit actor. O réu, com a exceção, torna-se autor.

Sanctio juris. Sanção jurídica.

Secundum eventum litis. Segundo o resultado do processo.

Secundum legem. Segundo a lei, de acordo com a lei.

Sententia est. Esta é a sentença.

Sic. Esta palavra, usada entre parênteses, quer dizer que a referência que fazemos está como no original, ainda que haja impropriedade no que se diz ou, até, erro de grafia. No fundo, não deixa de ser uma crítica, uma menção irônica a lapso alheio.

Servitus. Servidão.

Sic et simpliciter. Assim e simplesmente.

Simulatio. Simulação.

Simultaneus processus. Processos que devem ser julgados simultaneamente.

Sine cura. Sem cuidados, sem preocupações.

Sine die. Sem dia, sem data fixa, sem dia marcado.

Sine justa causa. Sem justa causa.

Sine qua non. Sem a qual não (referindo-se à condição essencial à realização de um ato).

Societas criminis. Sociedade do crirne.

Solo animo. Pela só intenção.

Solo consensu. Com o só consentimento; o que depende somente do consentimento.

Solve et repete. Pague e reclame.

Sponte sua. Por iniciativa própria; por sua própria vontade.

Statu quo. Estado em que; ou: estado anterior à questão de que se trata; no estado em que estão atualmente as coisas; no estado em que as coisas estavam antes.

Stricto sensu. No sentido restrito; em sentido estrito.

Stylus curiae. Estilo do foro.

Sub conditione. Sob condição; na condição; com a condição de que.

Sub judice. Em direito, é a causa sobre a qual ainda não se manifestou um juiz.

Sub lege libertas. Liberdade dentro da lei.

Sub specie juris. Sob a visão do direito.

Subjectum juris. Sujeito de direito.

Sufficit. Bastante, basta.

Sui generis. De seu próprio gênero; peculiar, singular; de sua espécie; aquilo que é próprio de uma pessoa, de uma coisa.

Sui juris. Pessoa capaz.

Summum jus, summa injuria. Excesso de justiça, excesso de injustiça. Em outras palavras, a aplicação rigorosa da lei pode ensejar injustiças.

Suo jure. Por seu direito; por direito próprio.

Supra. Acima.

Suum cuique. A cada um o que é seu.

Tabula rasa. Tábula rasa (lisa, sem inscrição), na qual nada está escrito. Fazer *tabula rasa* é não deixar nenhum vestígio.

Tempus est optimus iudex rerum omnium. O melhor juiz de todas as coisas é o tempo.

Tempus regit actum. O tempo rege o ato.

Teminus a quo... Limite a partir do qual... ; termo a partir do qual.

Terminus ad quem... Limite até o qual.

Testis unus, testis nullus. Testemunha única, testemunha nula; uma só testemunha, nenhuma testemunha.

Timor litis. Temor de uma lide.

Tollitur quaestio. Acabou-se a questão.

Tot capita, tot sententiae. Cada cabeça, cada sentença.

Tot poena quot delicta. Tantas são as penas quantos são os delitos.

Transactio. Transação.

Turpis causa. Causa torpe.

Ubi eadem ratio, ibi eadem legis dispositis. Onde houver a mesma razão, aplicar-se-á idêntico dispositivo legal.

Ubi lex, ibi poena. Onde há lei, há castigo.

Ubi lex non distinguit, nec interpres distinguere debet. É vedado ao intérprete distinguir onde o legislador não o fez.

Ubi non est justitia, ibi non potest esse jus. Onde não há justiça, não pode haver direito (Cícero).

Ubi societas, ibi jus. Onde há sociedade, há o direito.

Ubi veritas? Onde está a verdade?

Ultra posse nemo obligatur. Ninguém é obrigado além de suas posses.

Ultima ratio. A última razão, o argumento de maior força.

Ultra petita. Além do pedido.

Una voce. A uma voz.

Unicuique suum. O seu a seu dono, a cada um o que é seu, o que lhe pertence.

Uno consensu. Com unanimidade.

Unum et idem. Uma só e mesma coisa.

Unum jus. Um só direito.

Usque ad finem. Até o fim.

Usucapio. Usucapião.

Usus fori. Uso do foro.

Usus fructus. Usufruto.

Ut fama est. Segundo consta.

Ut infra. Como abaixo.

Ut retro. Como atrás.

Ut supra. Como acima.

Uti possidetis. Princípio que faz prevalecer a melhor posse provada da coisa imóvel, no caso de confusão de limites com outra contínua.

Utilitati communi parere. Servir os interesses gerais.

V

Vacatio legis. Prazo em que ocorre dispensa ou isenção da lei.

Venda in diem addictio. Pacto de melhor comprador.

Venditio. Venda.

Venditio fumi. Exploração de prestígio.

Verbatim. Literalmente; palavra por palavra.

Verba volant, scripta manent. As palavras voam, os escritos permanecem.

Verbi gratia. Por exemplo.

Verbis. Textualmente, tal como no original (citado ou transcrito).

Verbo ad verbum. Palavra por palavra.

Verbum pro verbo. Palavra por palavra.

Veritas immutabilis est et perpetua. A verdade é imutável e perpétua.

Veritas odium parit. A verdade gera o ódio.

Verus dominus. O verdadeiro dono.

Vexata quaestio. Assunto desagradável, questão penosa, suscitada ora por um, ora por outro. Assunto sobre o qual é difícil se pôr de acordo.

Vincit omnia veritas. A verdade tudo vence.

Vinculum juris. Vínculo jurídico.

Vis animo illata. Violência moral.

Vis corpori illata. Violência física.

Vis major. Força maior.

Vis presumida. Violência presumida.

Volenti non fit injuria. Não se faz injúria àquele que consente.

Voluntas sceleris. Vontade de delinquir.

APÊNDICE

Elementos de Gramática Latina

As páginas que vêm a seguir não pretendem ministrar um curso de latim. Visam apenas dar algumas noções introdutórias. Devem, pois, ser encaradas como mera informação, e não como algo que permita ler autores latinos.

Acreditamos que, com os elementos que a seguir expomos, o leitor terá condições de melhor entender os termos e as frases constantes do presente dicionário.

Procuramos resgatar, pois, uma pequena parcela daquilo que, durante décadas, fez parte obrigatória do ensino brasileiro. O latim, só para lembrar, era ensinado nos quatro anos do ginásio e nos três anos do clássico. O clássico (e o científico) durava três anos e precedia o vestibular. Correspondiam, o clássico e o científico, ao atual 2.º grau. Nem é preciso dizer que o curso de latim ministrado nas poucas faculdades de letras que ainda o têm não se aprofunda como o feito pelo alunos até o início da década de 60, quando (assim como o canto orfeônico, os trabalhos manuais, etc.), perdeu seu caráter de obrigatoriedade no currículo dos colégios.

Substantivo

GÊNERO

Três são os gêneros em latim: masculino, feminino e neutro (nem masculino nem feminino).

O gênero diz-se *natural,* quando determinado pela significação da palavra; *gramatical,* quando pela terminação desta. Não há, em latim, artigo nem definido nem indefinido que nos indique o gênero.

Regras gerais

São **masculinos** os nomes dos seres do sexo masculino, dos povos, rios, ventos e meses: *agrícola, Graecí, Rhódanus, áquilo, novémber.*

São **femininos** os nomes do sexo feminino, de árvores, ilhas e cidades: *regina, ficus, Cyprus, Carthago.*

São **neutros** os nomes das letras, as partes da oração tomadas como substantivos, ou prescindindo de sua significação, as palavras indeclináveis: e *breve; múlier est trisyllabum; nefas.*

Declinação

Pela declinação designam-se o número e os casos.

Número

O número em latim é *duplo: singular* e *plural.* O *singular* indica uma só pessoa ou coisa; o plural, duas ou mais pessoas ou coisas.

Casos

Os casos indicam as diversas relações que o nome pode ter no discurso. Em latim são seis, tanto no singular como no plural, a saber:

Nominativo: que responde à pergunta **quem? que?** É o caso do sujeito. Ex.: *Rex bonus est:* o rei é bom.

Genitivo: que responde à pergunta **de quem? de que?** Indica geralmente a relação de propriedade. Ex.: *Líber pueri* : o livro do rapaz.

Dativo: que responde à pergunta **a quem? a que?** É o caso do objeto indireto. Ex.: *Lex útilis est pópulo:* a lei é útil ao povo.

Acusativo: que responde à pergunta **o que?** É o caso do objeto direto. Ex.: *Pátriam deféndo*: defendo a pátria.

Vocativo: É o caso de chamar ou exclamar. Ex.: *Amice, dílige+patriam*: amigo, ame a pátria.

Ablativo: que responde à pergunta **com que meio? quando? donde?** É o caso do adjunto adverbial de modo, instrumento, causa, tempo, etc. Ex.: *Córnibus tauri, déntibus apri se deféndunt:* os touros defendem-se com os chifres, os javalis com dentes.

Nominativo e *vocativo* são casos independentes ou retos: *casus recti;* os outros são dependentes ou oblíquos: *casus oblíqui.*

Conhecem-se os casos pelas suas terminações peculiares chamadas desinências; cada desinência constitui um caso.

Enunciar os casos de um nome é o que se chama declinar. Há cinco séries de desinências próprias para cada caso ou **cinco declinações** em latim.

REGRAS GERAIS DAS DECLINAÇÕES

1. O *vocativo*, tanto no singular como no plural, é igual ao *nominativo;* excetuam-se apenas os masculinos e femininos em **-us** da 2ª declinação, que no vocativo singular terminam em **-e**.

2. Os nomes *neutros* têm três casos iguais em ambos os números: *nominativo, acusativo* e *vocativo,* terminando estes casos no plural em **-a**.

3. O *ablativo plural* é sempre igual ao dativo plural.

Primeira declinação

Os substantivos da 1ª declinação têm o nominativo singular em **-a** e o genitivo singular em **-ae**. São geralmente de gênero feminino.

Casos	Singular		Plural	
Nom.	*terr* **a**	a terra	*terr* **ae**	as terras
Genit.	*terr* **ae**	da terra	*terr* **árum**	das terra!
Dat.	*terr* **ae**	à terra	*terr* **is**	às terras
Acus.	*terr* **am**	a terra	*terr* **is**	as terras
Acus.	*terr* **am**	a terra	*terr* **as**	as terras
Voc.	*terr* **a**	ó terra!	*terr* **ae**	ó terras!
Abl.	*terr* **a**	pela terra	*terr* **is**	pelas terra

Segundo este modelo se declinam, por exemplo:

a) substantivos femininos:

história:	a história	*pátria:*	a pátria
ínsula:	a ilha	*puélla:*	a menina
magistra:	a mestra	*schola:*	a escola

b) substantivos masculinos:

agrícola	o agricultor	*piráta:*	o pirata
íncola:	o morador	*poeta:*	o poeta
nauta:	o marinheiro	*scriba:*	o escrivão

Observações:

1. O antigo genitivo em *-as* é antiquado, mas conservou-se com o substantivo *família* nas expressões: *pater famílias; mater famílias, fílius famílias*. Diz-se também: *pater famílíae, etc.*

2. O genitivo plural de alguns nomes que indicam medida ou moeda, e dos compostos de *-cola* e *-gena,* às vezes, se abrevia por síncope em -um. Ex.:
amphora - amphorárum: **ámphorum** = de ânforas
drachma - drachmárum: **drachmum** = de dracmas

3. Alguns substantivos só existem no plural e o chamados **plurália tantum.** Exs.:

ingústiae:	o desfiladeiro	*núptiae:*	as núpcias
livítiae:	a riqueza	*Athénae:*	Atenas
insídiae:	a emboscada	*Thebae:*	Tebas

4. Alguns substantivos têm, no plural, ainda outra significação, além da própria. Ex.:

aqua:	a água	*aquae:*	as águas termais
cópia:	a abundância	*cópiae:*	os exércitos, as tropas
líttera:	a letra	*lítterae:*	a carta, as ciências

Segunda declinação

Os substantivos da 2ª declinação terminam no nominativo singular em **-us**, **-er**, **-ir** e **-um**.

Modelo para os terminados em **-us**

Casos	Singular	
Nom.	*serv* **us**	o escravo
Genit.	*serv* **i**	do escravo
Dat.	*serv* **o**	ao escravo
Acus.	*serv* **um**	o escravo
Voc.	*serv* **e**	ó escravo!
Abl.	*serv* **o**	pelo escravo

Casos	Plural	
Nom.	*serv* **i**	os escravos
Genit.	*serv* **órum**	dos escravos
Dat.	*serv* **is**	aos escravos
Acus.	*serv* **os**	os escravos
Voc.	*serv* **i**	ó escravos!
Abl.	*serv* **is**	pelos escravos

Segundo **este modelo** se declinam, por exemplo:

amícus:	o amigo	*gládíus:*	a espada
discípulus:	o aluno	*pópulus:*	o povo
flúvius:	o rio	*ventus:*	o vento

Observação:
Os substantivos *fílius*: o filho, **génius:** o gênio, têm o vocativo em -**i**: *fili, geni.*

Modelos para os terminados em -**er**
1) para os que conservam o **e**:

Casos	Singular	
Nom.	*puer*	o menino
Genit.	*púer* **i**	do menino
Dat.	*púer* **o**	ao menino
Acus.	*púer* **um**	o menino
Voc.	*puer*	ó menino!
Abl.	*púer* **o**	pelo menino

Casos	Plural	
Nom.	*puer* **i**	os meninos
Genit.	*púer* **órum**	dos meninos
Dat.	*púer* **is**	aos meninos
Acus.	*púer* **os**	os meninos
Voc.	*puer* **i**	ó meninos!
Abl.	*púer* **is**	pelos meninos

Segundo este modelo se declinam, por exemplo:
gener, genéri: o genro   *vir, viri:* o homem

2) para os que não conservem o **e**:

Casos	Singular	
Nom.	*liber*	o livro
Genit.	*líbr* **i**	do livro
Dat.	*libr* **o**	ao livro
Acus.	*libr* **um**	o livro
Voc.	*liber*	ó livro!
Abl.	*libr* **o**	pelo livro

Casos	Plural	
Nom.	*liber* **i**	os livros
Genit.	*líbr* **órum**	dos livros
Dat.	*libr* **is**	aos livros
Acus.	*libr* **os**	os livros
Voc.	*liber* **i**	ó livros!
Abl.	*libr* **is**	pelos livros

Segundo este modelo se declinam por exemplo:
ager, agri: o campo   *magister, magístri:*   o mestre
árbiter, árbitri: o árbitro   *mínister, ministri:*   o ministro

Modelo para os terminados em **-um** (neutro):

Casos	Singular	
Nom.	*don* **um**	o presente
Genit.	*don* **i**	do presente
Dat.	*don* **o**	ao presente
Acus.	*don* **o**	ao presente
Voc.	*don* **um**	ó presente!
Abl.	*don* **o**	pelo presente
Casos	Plural	
Nom.	*don* **a**	os presentes
Genit.	*don* **órum**	dos presentes
Dat.	*don* **is**	aos presentes
Acus.	*don* **a**	aos presentes
Voc.	*don* **a**	ó presentes!
Abl.	*don* **is**	pelos presentes

Assim se declinam, por exemplo:

bellum: a guerra
praémium: a recompensa
consílium: o conselho
templum: o templo
exémplum: o exemplo
verbum: a palavra

GÊNERO

Os substantivos terminados em **-um** são neutros, os terminados em **-us**, **-er**, **-ir** são masculinos.

Exceções
São femininos:

alvus, i:	o ventre
méthodus, i:	o método
dialéctus, i:	o dialeto
parágraphus, i:	o parágrafo
humus, i:	terra
períodus, i:	o período

e os nomes de árvores:

cérasus, i:	a cerejeira
malus, i:	a macieira
fagus, i:	a faia
pirus, i:	a pereira
ficus, i:	a figueira
plátanus, i:	o plátano

São neutros:

pégalus:	o mar
virus:	o veneno
vulgus:	o povo

Pélagus, *virus* e *vulgus* não têm plural: *virus* emprega-se geralmente só nos casos iguais: nominativo, acusativo e vocativo.

Obs.: Os substantivos que indicam *medida*, *moeda* ou *peso* podem ter no genitivo plural **-um** em lugar de **-orum**:

nummus, i:	a moeda
nummórum:	númmum
sestértius, i:	o sestércio
sestertiórum:	sestértium
taléntum, i:	o talento
talentórum:	taléntum

Terceira declinação

Os substantivos da 3.ª declinação têm várias desinências no nominativo. O genitivo singular termina sempre em **-is**.

O substantivo é **imparissílabo**, quando tem mais sílabas no genitivo singular, que no nominativo: *míles, mílitis;* é **parissílabo,** quando tem igual número de sílabas no nominativo e no genitivo singular: *vúlpes*, gen. *vúlpis*.

Os imparissílabos, cujo tema termina em uma só consoante, têm **-e** no ablativo singular, **-um** no genitivo plural, **-a** no nominativo, acusativo e vocativo plural dos neutros.

Modelo para os masculinos e femininos: **rex, regis, m.:** o rei

Casos	Singular	Plural
Nom.	*rex*	*rex* **es**
Genit.	*reg* **is**	*reg* **um**

Dat.	*reg* **i**	*régi* **bus**
Acus.	*reg* **um**	*reg* **es**
Voc.	*rex*	*reg* **es**
Abl.	*reg* **e**	*régi* **bus**

Modelo para os neutros: **corpus, córporis, n.:** o corpo

Casos	Singular	Plural
Nom.	*corpus*	*córpor* **a**
Genit.	*córpor* **is**	*córpor* **um**
Dat.	*córpor* **i**	*córpor* **ibus**
Acus.	*corpus*	*córpor* **a**
Voc.	*corpus*	*córpor* **a!**
Abl.	*córpor* **e**	*córpor* **ibus**

Assim se declinam, por exemplo, os seguintes

a) substantivos **masculinos:**
amor, amóris: o amor
lapis, lápidis: a pedra
homo, hóminis: o homem
pes, pedis: o pé

b) substantivos **femininos:**

arbor, árboris:	a árvore
imágo, imáginis:	a imagem
lex, legis:	a lei
orátio, orationis:	o discurso

Quarta declinação

Os substantivos masculinos e femininos da quarta declinação terminam em -*us*, os neutros em -u.

Modelo para os masculinos e femininos **ritus, ritus, m.:** o rito

Casos	Singular	Plural
Nom.	*rit* **us**	*rit* **us**
Genit.	*rit* **us**	*rit* **uum**
Dat.	*rit* **ui**	*rit* **ibus**
Acus.	*rit* **um**	*rit* **us**
Voc.	*rit* **u**	*rit* **us**
Abl.	*rit* **us**	*rit* **ibus**

Modelo para neutros: **genu, genus, n.:** o joelho

Casos	Singular	Plural
Nom.	*gen* **us**	*gén* **ua**
Genit.	*gen* **us**	*gén* **uum**
Dat.	*gen* **u**	*gén* **ibus**

Acus.	*genu* **u**	*gén* **ua**
Voc.	*gen* **u**	*gén* **ua**
Abl.	*gen* **u**	*gén* **ibus**

Segundo estes modelos se declinam por exemplo:

a) **masculinos:**
actus, actus: o ato
fructus, fructus: o fruto
equitátus, equitátus: a cavalaria
exércitus, exércitus: o exército
fluctus, fluctus: a onda
sensus, sensus: o sentido

b) **femininos:**
manus, manus: a mão
socrus, socrus: a sogra

c) **neutros:**
cornu, cornus: o chifre
gelu, gelus o gelo

Declinação de ***domus:*** a casa,
Sing.: *domus, domus, dómui, domum, domus, domo*
Pl.: *domus, domórum ou dómuum, dómibus, domos ou domus, domus, dómibus.*

O locativo **domi** significa *em casa;* **domum:** para casa; **domo:** (vindo) de casa.

Quinta declinação

Os substantivos da quinta declinação terminam em **-es** no nominativo singular e **-ei** no genitivo.

Casos	Singular	
Nom.	*di* **es**	o dia
Genit.	*di* **ei**	do dia
Dat.	*di* **éi**	ao dia
Acus.	*di* **em**	—
Voc.	*di* **es**	ó dias
Abl.	*di* **e**	—

Casos	Plural	
Nom.	*di* **es**	os dias
Genit.	*di* **érum**	dos dias
Dat.	*di* **ébus**	aos dias
Acus.	*di* **es**	—
Voc.	*di* **es**	ó dia
Abl.	*di* **ébus**	—

Assim se declinam, por exemplo:

a) no singular e plural:
res, rei: a coisa

b) no singular e nos casos **-es** do plural:
ácies, aceéi..   a fileira

effigies, effigiéi: a imagem
séries, seriéi: a série
spes, spei: a esperança

Obs.: Todos os substantivos da 5ª declinação **são femininos,** exceto *dies* que, no plural, sempre é masculino e no singular pode ser masculino ou feminino.

Dies é masculino, quando indica dia: *período de 24 horas;* é feminino quando indica *uma data fixa: Certa díe, praestitúta die, constitúta die:* em dia determinado; *expectáta dies:* o dia esperado.

Adjetivo

Consideremos duas espécies de adjetivos: os qualificativos e os numerais. Pertencem eles às três primeiras declinações.

ADJETIVOS DA 1.ª E 2.ª DECLINAÇÃO

Os adjetivos da 1.ª e 2.ª declinação são triformes, ou seja, têm desinência especial para cada gênero:

us para o masculino, **-a** para o feminino e **-um** para o neutro; *-er, -era, -erum*; ou *-er, -ra, -rum*.

Casos	Singular: *bom*		
Nom.	*bon* **us**	*bon* **a**	*bon* **um**
Genit.	*bon* **i**	*bon* **ae**	*bon* **i**
Dat.	*bon* **o**	*bon* **ae**	*bon* **o**
Acus.	*bon* **um**	*bon* **am**	*bon* **um**
Voc.	*bon* **e**	*bon* **a**	*bon* **um**
Abl.	*bon* **o**	*bon* **a**	*bon* **o**

Casos	Plural: *bons*		
Nom.	*bon* **i**	*bon* **ae**	*bon* **a**
Genit.	*bon* **órum**	*bon* **árum**	*bon* **órum**
Dat.	*bon* **is**	*bon* **is**	*bon* **is**
Acus.	*bon* **os**	*bon* **as**	*bon* **a**
Voc.	*bon* **i**	*bon* **ae**	*bon* **a**
Abl.	*bon* **is**	*bon* **is**	*bon* **is**

Assim se declinam, por exemplo:

cálidus:	quente
laetus:	alegre
frígidus:	frio
magnus:	grande
iucúndus:	agradável
malus:	mau

Alg. aráb.	CARDINAIS	ORDINAIS
1	unus, a, um: um	primus, a, um: o *primeiro*
2	duo, ae, o	secúndus *ou* alter
3	tres, tria	tértius
4	quáttuor	quartus
5	quinque	quintus
6	sex	sextus
7	septem	séptimus
8	octo	octávus
9	novem	nonus
10	decem	décimus
11	úndecim	undécimus
12	duódecim	duodécimus
13	trédecim	tértius décimus
14	quattuórdecim	quartus décimus
15	quindecim	quintus décimus
16	sédecim	sextus décimus
17	septémdecim	séptimus décimus
18	duodeviginti	duodevicésimus
19	undeviginti	undevicésimus
20	viginti	vicésimus
21	viginti unus	unus et vicésimus

22	viginti duo	alter et vicésimus
28	duodetriginta	duodetricésimus
29	undetriginta	undetricésimus
30	trigínta	tricésimus
40	quadragínta	quadragésimus
50	quinquaginta	quinquagésimus
60	sexaginta	sexagésimus
70	septuaginta	septuagésimus
80	octogínta	octogésimus
90	nonagínta	nonagésimus
100	centum	centésimus
101	centum (et) unus	centésimus (et) primus
200	ducénti, ae, a	ducentésimus, a, um
300	trecénti, ae, a	trecentésimus
400	quadrigénti	quadringentésimus
500	quingénti	quingentésimus
600	sescénti	sescentésimus
700	septingénti	septingentésimus
800	octingénti	octingentésimus
900	nongénti	nongentésimus
1.000	mille	millésimus
2.000	duo mília	bis millésimus
100.000	centum mília	cénties millésimus
500-000	quingénta mília	quingénties millésimus
1.000.000	décies centena mília ou décies centum mília	décies cénties milésimus

NUMERAIS CARDINAIS

1. Explicações

Observações:

1) Para os dois últimos números das dezenas as expressões formadas por meio da subtração são as que mais se usam (**un** e **duo** invariáveis):
38: *duodequadragínta*

2) Na composição dos números que de 20 a 100 ficam entre as dezenas, se emprega primeiro ou o número inferior com *et* ou as dezenas sem *et*.
41: *unus et quadragínta* ou *quadragínta unus*.

3) Na prosa põem-se as centenas sempre, com ou sem *et*, antes das dezenas e as dezenas antes das unidades:
185: *centum et octogínta quinque* ou *centum octogínta quinque*
304: *trecénti et quátuor* ou *trecénti quátuor*
570: *quingénti et septuagínta* ou *quingénti septuagínta*.

4) De mil para cima quase sempre antecede o número menor com *et*:
1007: *septem et mille*
2060: *sexagínta et duo mília*
3100: *centum et tria mília*.

Mas, se aos milhares se juntarem as centenas e as dezenas, o número maior antecede, em regra, ao menor:
4132: *quáttuor mília et centum trigínta duo*.

2. Declinação

Dos cardinais só se declinam:
a) *unus, duo, tres;*
b) as centenas desde *ducénti a nongénti;*
c) *mília* plural de *mille*

Portanto, os números de *quáttuor a décem*, os terminados em - *décim*, os formados por subtração: *duodevigíni, unde vigínti,* etc., as dezenas: *vigínti, trigínti,* etc., como também *centum,* são indeclináveis.

Declinação de **unus**

Casos	Singular		
Nom.	*unus,*	*una*	*unum*
Genit.	*un* **íus**		
Dat.	*uni* **i**		
Acus.	*unum,*	*unam,*	*unum*
Abl.	*uno,*	*una,*	*uno*

Casos	Singular		
Nom.	*uni,*	*unae*	*una*
Genit.	*unórum,*	*unárum,*	*unórum*
Dat.		*unis*	
Acus.	*unos,*	*unas,*	*una*
Abl.		*unis*	

Declinação de **dúo** e **tres**

du **o**	*du* **ae**	*du* **o**
du **órum**	*du* **árum**	*du* **órum**
du **óbus**	*du* **ábus**	*du* **óbus**
du **os** (duo)	*du* **as**	*du* **o**
du **o**	*du* **ae**	*du* **o**
du **óbus**	*du* **ábus**	*du* **óbus**

tr **es**	*tr* **ia**
tr **íum**	
tr **íbus**	
tr **es**	*tr* **ia**
tr **es**	*tr* **ia**
tr **íbus**	

Observações:

1. Como *duo* declina-se *ambo, ambae, ambo*: ambos; o acusativo masculino tem igualmente dupla forma: *ambo* e *ambos*.

2. Em lugar do genitivo *duórum* encontra-se também *duum*.

3. Os numerais declináveis concordam com o substantivo a que se referem em gênero, número e caso:

Duo púeri, tria aedificia, quadringénti agrícolae.

Nom.	*unus et vigínti mílites*
Genit.	*uníus et vigínti mílitum*
Dat.	*uni et vigínti milítibus*

Acus.	*unum et vigínti mílites*
Abl.	*uno et vigínti milítibus*

Declinação das centenas e milhares

Nom.	*ducénti* **i, -ae, -a**	*míl* **ia**
Genit.	*ducent* **órum, -árum, -órum**	*míl* **ium**
Dat.	*ducént* **is**	*míl* **ibus**
Acus.	*ducént* **os, -as, -a**	*míl* **ia**
Abl.	*ducént* **is**	*míl* **ibus**

Observações:

1. Em lugar de *ducentórum* diz-se, muitas vezes, *ducéntum*. O mesmo se aplica ao genitivo de todas as centenas.

2. **Mille**: mil, é adjetivo indeclinável; mília, milhar, milheiro (plural de *mille*) é substantivo neutro declinável e exige o genitivo das coisas enumeradas:

mile naves, duo mília navium

NUMERAIS ORDINAIS

Os numerais ordinais formam-se, exceto os dois primeiros, dos cardinais correspondentes. Declinam-se como os adjetivos da 1.ª e 2.ª declinação.

Observações:

1. O emprego de *et* na composição de números ordinais menores com maiores é regido pela mesma regra dos cardinais.

2. Nas combinações com *um* emprega-se frequentemente **unus** que *primus,* e nas combinações com dois usa-se geralmente **alter** em lugar de *secúndus*:
unus et vicésimus em lugar de *vicésimus primus*
alter et vicésimus em lugar de *vicésimus secúndus.*

3. Os milhares exprimem-se por meio de advérbio numeral:
bis millésimus, ter millésimus, etc.

Pronome
Pronome é a palavra que está em lugar do nome (substantivos ou adjetivos).

Há em latim os seguintes tipos de pronomes: pessoais, reflexivos, possessivos, demonstrativos, relativos, interrogativos e indefinidos.

Obs.: Os possessivos, os demonstrativos, os relativos, os interrogativos e os indefinidos são ora pronomes, ora adjetivos. Empregados sós, exercem a função de pronomes; empregados com um nome, funcionam como adjetivos.

PRONOMES PESSOAIS

O pronome pessoal designa a pessoa gramatical. Ex.: *ego, tu,* etc.

1.ª pessoa

Casos	Singular	
Nom.	**ego:**	eu
Genit.	**mei:**	de mim
Dat.	**mihi:**	a mim, me
Acus.	**me:**	me
Abl.	**me:**	por mim
Casos	Plural	
Nom.	**nos:**	nós
Genit.	**nostri, nostrum** (partitivo)**:**	de nós
Dat.	**nobis:**	a nós, nos
Acus.	**nos:**	nos
Abl.	**nobis:**	por nós

2.ª pessoa

Casos	Singular	
Nom.	**tu:**	tu
Genit.	**tui:**	de ti
Dat.	**tibi:**	a ti, te
Acus.	**te:**	te
Voc.	**tu:**	ó tu!
Abl.	**te:**	por ti

Casos	Plural	
Nom.	**vos:**	vós
Genit.	**vestri, vestrum** (partitivo):	de vós
Dat.	**vobis:**	a vós, vos
Acus.	**vos:**	vos
Voc.	**vos:**	ó vós!
Abl.	**vobis:**	por vós

Observações:

1. A preposição **cum,** quer requer o ablativo, sempre se pospõe ao pronome pessoal:

comigo:	mecurn
conosco:	nobíscum
contigo:	tecum
convosco:	vobíscum

2. Os partitivos **nostrum** e **vestrum** significam de *nós, de vós:*
Unus nostrum: um entre nós, um de nós.
Vestri nos obliviscar: não me esquecerei de vós.

PRONOME REFLEXIVO

O pronome reflexivo é o que se refere ao sujeito do verbo de terceira pessoa: Ex.:
Ele se louvava: *laudábat se.*

Genit.	**sui:**	de si; dele, dela; deles, delas
Dat.	**sibi:**	a si, para si, se; lhe, lhes; a ele, a ela; a eles, a elas
Acus.	**se:**	se; o, a; os, as
Abl.	**se:**	de si; por si; por ele, por ela; por eles, por elas

O pronome reflexivo não tem nominativo, caso do sujeito.

PRONOMES POSSESSIVOS

Os pronomes possessivos designam a pessoa e possui o objeto. São eles:

meus, mea, meum: meu, minha

tuus, tua, tuum: teu, tua
noster, nostra, nostrum: nosso, nossa
vester, vestra, vestrum: vosso, vossa
suus, sua, suum: seu, sua.

Estes pronomes também são adjetivos possessivos e declinam-se como *bonus e niger*.

Exceções: *meus* faz *mi* no vocativo singular, *tuus, suus, vester* não têm vocativo.

PRONOMES DEMONSTRATIVOS

Os pronomes demonstrativos indicam uma pessoa ou objeto determinado. São eles:

hic,	*haec,*	*hoc:*	este, esta, isto
iste,	*ista,*	*istud:*	esse, essa, isso
ille,	*illa,*	*illud:*	aquele, aquela, aquilo
is,	*ea,*	*id:*	ele, ela; aquele, aquela, o que
idem,	*éadem,*	*idem:*	o mesmo, a mesma, aquilo mesmo
ipse,	*ipsa,*	*ipsum:*	ele mesmo, ela mesma; mesmo, mesma

hic, haec, hoc: *este, esta, isto*

Casos	Singular		
Nom.	**hic**	**haec**	**hoc**
Genit.	**huius**		
Dat.	**huic**		
Acus.	**hunc**	**hanc**	**hoc**
Abl.	**hoc**	**hac**	**h o c**

Casos	Plural		
Nom.	**hi**	**hae**	**haec**
Genit.	**horum**	**harum**	**horum**
Dat.	**his**		
Acus.	**hos**	**has**	**haec**
Abl.	**his**		

ille, illa, illud: *aquele, aquela, aquilo*

Casos	Singular		
Nom.	**ille**	**illa**	
Genit.		**illíus**	
Dat.		**illi**	
Acus.	**illum**	**illam**	**illud**
Abl.	**illo**	**illa**	**illo**

Casos	Plural		
Nom.	illi	illae	illa
Genit.	illórum	illárum	illórum
Dat.	illis		
Acus.	illos	illas	illa
Abl.	illis		

Como *ille, illa, illud* declina-se **iste, ista, istud**.

is, ea, id: *ele, ela, aquele, aquela; o que*

Casos	Singular		
Nom.	is	ea	id
Genit.		eius	
Dat.		ei	
Acus.	eum	eam	id
Abl.	eo	ea	eo

Casos	Plural		
Nom.	ii (ei)	eae	ea
Genit.	eórum	eárum	eórum
Dat.		iis (eis)	
Acus.	eos	eas	ea
Abl.		ii (eis)	

idem, éadem, idem: *o mesmo, a mesma; aquilo mesmo*

idem	éadem	idem	iídem (eídem)
	eaédeméadem		
	eiúsdem	eorúndem	earúndum
		eorúndem	
	eídem	iisdem (eísdem)	
eúndeme		eándem	idem eósdem
			eásdem eádem
eódem	eádem	eódem	iídem (eísdem)

Idem, éadem, idem é composto de *is, ea id* e da partícula *-em*.

ipse, ipsa, ipsum {ele mesmo, ela mesma mesmo, mesma

Casos	Singular		
Nom.	**ipse**	**ipsa**	**ipsum**
Genit.		**ipsíus**	
Dat.		**ipsi**	
Acus.	**ipsum**	**ipsam**	**ipsum** Abl.
ipso	**ipsa**	**ipso**	

Casos	Plural		
Nom.	**ipsi**	**ipsae**	**ipsa**
Genit.	**ipsórum**	**ipsārum**	**ipsórum**
Dat.		**ipsis**	
Acus.	**ipsos**	**ipsas**	**ipsa**
Abl.		**ipsis**	

PRONOME RELATIVO

O pronome relativo **qui, quae, quod**: *que, o qual, a qual*, liga duas orações, representando na segunda um substantivo ou pronome da primeira.

Casos	Singular		
Nom.	**qui**	**quae**	**quod**
Genit.		**cuius**	
Dat.		**cui**	
Acus.	**quem**	**quam**	**quod**
Abl.	**quo**	**qua**	**quo**

Casos	Plural		
Nom.	**qui**	**quae**	**quae**
Genit.	**quorum**	**quarum**	**quorurn**
Dat.		**quibus**	
Acus.	**quos**	**quas**	**quae**
Abl.		**quibus**	

Pronomes relativos indefinidos

quicúmque, quaecúmque   todo aquele que,
quodcúmque   qualquer que
quisquis — quidquid

uter, utra, utrum — qualquer dos
utercúmque,
utracúmque — dois que
utrum cúmque

Números e pessoas

Os números são dois: *singular e plural*.

As pessoas são três: a *primeira* é a pessoa que fala – *ego*; a *segunda* é a pessoa a quem se fala – *tu*; a *terceira* é a pessoa, de quem se fala – *is (Marcus, Laelia)*.

Conjugações

As conjugações em latim são quatro:
I. A conj. em *a*, com tema verbal em *a: laudáre*: louvar;
II. A conj. em *e*, com tema verbal em *e: delé-re*: destruir;
III. A conj. em consoante ou em *u*, com tema verbal em consoante ou em *u: lég-ere*: ler, *minú-ere*: diminuir;
IV. A conj. em *i: audí-re*: ouvir.

O verbo SUM

	Presente	**Imperfeito**	**Futuro**
INDICATIVO	s-u-m: sou es es-t s-u-mus és-tis s-u-nt	er-a-m: era er-a-s er-a-t er-á-mus er-á-tis er-a-nt	er-o: serei er-i-s er-i-t ér-i-mus ér-i-tus er-u-nt
SUBJUNTIVO	s-i-m: seja s-i-s s-i-t s-i-mus s-í-tis s-i-nt	es-se-m: fosse es-se-s ou seria es-se-t es-sé-mus es-sé-tis es-se-nt	
IMPERATIVO	es: sê es-te: sede		es-to: sê es-to: seja es-tóte: sede s-u-nto: sejam

Infinitivo presente: es-se: *ser*

fu-i:	fú-eram: fora ou	fú-ero:
fu-í-sti	fú-eras tinha sido	fú-eris
fu-i-t:	fú-erat	fú-erit
fú-i-mus	fu-erámus	fu-érimus

fu-í-stis	*fu-erátis*	*fu-éritis*
fu-é-runt	*fú-erant*	*fú-erint*

Infinitivo

fú-erim	*fu-íssem:* tivesse	Perf.: *fu-ísse:* ter sido
fú-eris	*fu-ísse* sido	Fut.:
fú-erit	*fu-ísset*	*fu-túrum, -am, -um*
fu-érimus	*fu-issémus*	*fu-túrum, -as, -a*
fu-éritis	*fu-issétis*	esse
fú-erint	*fu-íssent*	= *fore:* haver de ser

Particípio futuro: fu-túrus, -a, -um: *o que há de ser, havendo ou tendo de ser*

Advérbio

Advérbio é a palavra invariável que modifica o adjetivo, o verbo e o próprio advérbio, acrescentando alguma particularidade. Ex.:

Vir valde magnus: homem muito grande

Advérbios de lugar

hic:	aqui
ibi:	aí

hinc:	daqui
inde:	de lá
huc:	para cá
eo:	para ali
ubi:	onde
unde:	donde
quo:	para onde
foris:	fora
infra:	embaixo
intus:	dentro
procul:	longe
prope:	perto
retro:	atrás
supra:	acima

Advérbios de tempo

cras:	amanhã
nunc:	agora
tum:	
tunc:	
heri:	ontem
hódie:	hoje
cras:	amanhã
peréndie:	depois de amanhã
aliquánduo:	alguma vez
mane:	de manhã
quotánnis:	todos os anos
véspera	

vésperi   {de noite
noctu:
olim
quondam   outrora
quotidie: todos os dias

Advérbios de quantidade
valde, ádmodum: muito
(com verbos, ad e advérbios)

ámplius		*parum:*	pouco
magis	{mais	*satis, sat:*	bastante
fere:	quase	*vix:*	apenas

Advérbios de ordem
primo   {primeiramente
primum

deinde: depois
tértium: em terceiro lugar

postrémo   {por fim
dénique

últimum   {por último
postrémum

Advérbios de afirmação
certe, sane   {certamente
profécto   sem dúvida

scílicet   {a saber
vidélicet

Advérbios de negação

non
haud } não
nequáquam

Advérbio de dúvida

forsan
forsitan } talvez
fortásse

Advérbios de modo

ita, si   assim
alióqui(n)   aliás
álite: de outro modo   ceteróqui(n) etc.

PREPOSIÇÃO

Preposição é a palavra invariável que se antepõe a um nome ou pronome para exprimir uma circunstância de lugar, tempo, modo, causa, instrumento, etc.

Preposições com o Acusativo

ante, apud, ad, advérsus
circum, circa, citra, cis
erga, contra inter, extra
infra, intra, iuxta, ob,

penes, praeter, post, prope
propter, per, secúndum, trans
    ultra, supra, pone, versus.

Vejamos o emprego de algumas preposições:

AD

Ad: *a, para, até, ao pé de, conforme, a respeito de.*
Emprega-se:

1) designando **lugar**. Exs.:
Ad te lítteras scribo:	escrevo-te carta
Dícere ad pópulum:	discursar diante do povo

2) designando **tempo**. Exs.:
Ad merídiem:	pelo meio-dia
Ad vésperum:	à noitinha
Ad diem:	no dia aprazado
Ad senectútem:	até à velhice

3) designando **fim**. Ex.:
Quae ad bellum pértinent: o que é necessário para a guerra

4) designando **referência, comparação, conformidade**. Exs.:
Ad áliquid respondére:	responder a alguma coisa
Vértere ad lítteram:	traduzir ao pé da letra

ANTE

Ante: *diante de, em frente de, antes, mais que, de preferência a,* tem sentido local, temporal e comparativo. Exs.:

Ante portas:	diante das portas
Ante tempus:	prematuramente

APUD

Apud: *em casa de, junto de, diante de,* emprega-se principalmente com nomes de pessoas. Exs.:

Ut est apud Cicerónem:	como lemos em Cícero
Apud Caésarem:	em casa de César

CIRCA, CIRCUM

Circa e circum: *ao redor de, cerca de, na vizinhança de.* Ex.:

Circa eándem horam:	perto da mesma hora

PROPE

Prope: *perto de, junto a.* Ex.:

Prope Kaléndas Mártias:	pelo (dia) 1.º de março

PROPTER

Propter: *perto de, por causa de* (sentido local e causal). Ex.:
Propter timórem sese recípiunt: recolhem-se por causa do temor

SECÚNDUM

Secúndum: *ao longo de, imediatamente depois, depois de, conforme, segundo.* Exs.:
Secúndum vindémiam: logo depois da vindima
Secúndum natúram vívere: viver em conformidade com a natureza

SUPRA

Supra: *sobre, além de, antes, mais de* (número: Lívio). Exs.:
Ille, qui supra nos hábitat: aquele que mora sobre nós
Supra leges: acima das leis

ULTRA

Ultra: *além de, para lá de, mais de.* Exs.:
Ultra vires: além das forças
Ultra quinquagínta viros: mais de cinquenta homens

Preposições com o Ablativo
a, cum, de,
coram, tenus, e,
sine, pro, prae

A (AB, ABS)

A (ab, abs): *de, da proximidade de, da parte de, do partido de, desde, dentre, contra.* Exs.:

A látere:	do lado
A sinistra:	à esquerda
A dextra:	à direita

Preposições que regem o Acusativo e o Ablativo *in, sub, super.* *In* com acusativo significa *para, para com, contra.* Ex.:

In perpetuum: Para sempre

com ablativo significa *em, sobre, dentro.* Ex.:

In Germania: Na Germânia

SUB

Sub com o acusativo significa: *por baixo de, imediatamente antes, de imediatamente depois de.* Exs.:

Sub lucem:	ao raiar do dia
Sub noctem:	pouco antes de anoitecer
Sub vésperum:	à tardinha

Sub com o ablativo significa: *sob, debaixo, ao pé de, por, pelo tempo de*. Exs:
Sub rege: sob o governo de um rei
Sub hasta véndere: vender em hasta pública

SUPER

Super com o acusativo significa: *sobre, em cima de, além, durante*. Ex.:
Super décem mília: mais de dez mil

CONJUNÇÃO

Conjunção é a palavra invariável que liga duas orações entre si. As conjunções dividem-se em duas espécies: *coordenativas e subordinativas*.

Conjunções Coordenativas
Conjunção coordenativa é a que liga orações deixando uma independente da outra. Ex.:
Magíster lóquitur **et** o mestre fala e o aluno
discípulus audit: escuta

As conjunções coordenativas subdividem-se em:

1. Copulativas
et
atque
– que { e

et-et
cum-cum } tanto
tam-quam } como
étiam
quoque } também
neque (nec): e não, nem
modo-modo
tum-tum } ora-ora
neque (nec) - neque (nec): nem - nem
non tam- quam menos - do que
não tanto - como antes

2. Disjuntivas:

aut } ou *ve* } ou *aut-aut* } ou_ ou
vel   *sive*   *vel-vel*
vel pótius, seu pótius: ou antes
sive-sive: quer-quer, já-já

3. Adversativas:

sed   *autem* -mas
verum { mas, porém   *at:* pelo contrário, mas
tamen: todavia, contudo, no entanto

4. Conclusivas:

ergo: logo, por conseguinte
ígitur: pois, assim, logo
ítaque: portanto
proínde: assim, portanto

5. Causais (coord.):

nam	
namque	pois, porque
enim	

Conjunções Subordinativas

Conjunção subordinativa é a que liga orações, tornando uma dependente da outra.

As conjunções subordinativas subdividem-se em:

1. Finais:

ut:	para que, a fim de que
ne:	para que não, a fim de que não
quo:	para que (com comparativos)

2. Consecutivas:

ut:	de maneira que
ut non:	de maneira que não

3. Causais:

cum:	pois que, porque
quia, quod:	porque

4. Temporais:

cum:	quando
dum	
quoad	durante todo o tempo que,
quámdiu	enquanto
donec	

postquam, posteáquam:	depois que
ubi, ut	
símulac, simulátque	logo que,
ubi primum, ut primum	assim que,
cum primum	tanto que
cum primum	
ántequam, priúsquam:	antes que, antes de

5. Condicionais:

si:	se
si non	se não
nisi	

6. Concessivas:

etsi, tamétsi, quamquam	embora,
cum, licet, quamvis	ainda que
ne:	dado o caso que não
ut:	dado o caso que

OBRAS CONSULTADAS

Camargo, Heraclides Batalha de. *Expressões Latinas no Forum.* São Paulo, Hemeron Editora, 1975.

Costa, Wagner Veneziani e Luiz Roberto Malta. *Latim – Minidicionário de Expressões Jurídicas.* São Paulo, Editora WVC, 1997.

Cretella Júnior, José e Geraldo de Ulhôa Cintra. *Dicionário Latino-Português.* São Paulo, Companhia Editora Nacional, 1950.

Faria, Ernesto de. *Dicionário Escolar Latino-Português.* Rio de Janeiro, MEC/Fename, 1975.

Neves, Márcia Cristina Ananias. *Nova Terminologia Jurídica.* São Paulo, Rideel, 1992.

Spalding, Tassilo Orpheu. *Pequeno Dicionário Jurídico de Citações Latinas.* São Paulo, Saraiva, 1971.

Valente, Pe. Mílton. *Gramática Latina para as quatro séries do Ginásio.* Porto Alegre, Livraria Selbach, 72.ª ed., 1952.

Valente, Pe. Mílton. *Ludus (Curso de Latim). Porto Alegre,* 61.ª *ed., 1952.*

MADRAS® Editora

Para mais informações sobre a Madras Editora,
sua história no mercado editorial
e seu catálogo de títulos publicados:

Entre e cadastre-se no site:

www.madras.com.br

Para mensagens, parcerias, sugestões e dúvidas, mande-nos um e-mail:

marketing@madras.com.br

SAIBA MAIS

Saiba mais sobre nossos lançamentos,
autores e eventos seguindo-nos no facebook e twitter:

@madrased

/madraseditora